キャリア
基礎講座
テキスト 第3版

荒井 明 著
産業能率大学経営学部教授

玄田有史 監修
東京大学社会科学研究所教授

自分のキャリアは
自分で創る

日経BP

「キャリア基礎講座」開講に寄せて

京都でタクシーに乗っていたときのことでした。

何かの拍子で移動中、運転手さんとすっかり話し込んでしまいました。話し込むといっても、ほとんど運転手さんの身の上話です。運転手さんのこれまでは、壮絶なものでした。当初順調だった仕事もうまくいかなくなり、友だちにも裏切られ、何も信じることができない時期が続いたり…。生きるなんて最悪、と感じることもありました。

それがいろいろなきっかけがあって立ち直ることができ、今はタクシーの運転手となって、いろいろなところに行き、いろんな人と話をし、ふつうの毎日が何より楽しい。最後に運転手さんは、こう言いました。「いろいろあるけど、お客さん、人生の収支はトントン（五分五分のこと）よ」。

人生はトントンという話を聞いて、私は友人のことを思い出しました。その人は富山県で、不登校になったり、ひきこもりやニートのような状況から抜け出せない若者たちと共同生活をしながら、農業を通じて自立の応援をしています。その人も未来をあきらめそうになった若者たちにいつもこう言います。「大丈夫。長い目でみれば、トントンだ」。

これから始まる「キャリア基礎講座」で、荒井明先生はみなさんに「自分のキャリアは、自分で創る」ことの大切さをお話します。キャリアを自分で創るとは、自分の人生を自分の意志で決め、自分の足で歩き続けることです。そのためのヒントがたくさん登場します。

ただ、どれだけ意志や力があっても、正直うまくいくことばかりではありません。順風満帆とは程遠いのが人生です。「こんなはずじゃなかった」と後悔することも、たびたびです。

けれども同時に「悪いことばかりでもない」のも人生です。自分の実力を超えて思いがけない幸運に救われることもあります。「もうダメだ」と思った瞬間に、知らない誰かが手を差し伸べてくれて、危機を乗り越えられることもある。

人生に100パーセント成功する法則はありません。どれだけやっても、結局のところ、いいことがあれば、悪いことも同じくらいある。まさに収支はトントンです。

自分の将来を自分で考え、自分で決めて歩き出しても、しょせん結果は、ほとんど

同じ。だとしたら、わざわざ「キャリア」など考えても、意味はないのでしょうか。

　2000年代の初め頃、学校を卒業した若者たちの多くは、就職氷河期と呼ばれた、就職のとても難しい状況に直面しました。なんど採用面接に臨んでも内定がもらえず、「自分は必要とされていない人間だ」と自信を失い、働くことを諦めてしまう若者もいました。

　そんな時代にもかかわらず、当時私のゼミにいたF君は、幸運にも複数の会社から内定の連絡が届きました。いずれも希望していた会社です。

　F君のすばらしさは「素直さ」でした。彼は同世代の友人の話だけでなく、私のような年の離れた人の話にも、耳を澄まして真剣に聞く態度にすぐれていました。きっとそんな素直さが、内定先の会社からも好感を持たれたのでしょう。

　けれども、その素直さのせいもあってか、彼は深く思い悩んでいました。内定をもらった2つの会社のうち、どちらか一方に決められないというのです。

　彼はやはり真剣な態度で相談にやってきました。聞いてみると、1社は名の知れた大企業です。安定した会社で、親御さんはそちらへの就職を文句なしに望んでいます。もう一方は、新進気鋭の成長企業。将来性があると、若者やメディアでは注目の会社でした。

　私も真剣に答えました。「徹底的に悩むこと。それで決まらなければ、どっちでもいい」。

　もし親の希望を尊重して大企業に入っても、絶対安泰ということはありません。有名な大企業が倒産することもあります。では人気の成長企業にいけば楽しいことばかりかといえば、そうとも限らない。仕事の大変さから、健康を損なう人もいます。

　結局のところ、どちらを選んでも、いいこともあれば、そうでないこともある。けれど、うまくいかないとき、その原因を他人のせいにすることほど、悲しく惨めなことはありません。反対に「自分で決めたんだから」と、潔く認めることができれば、辛い経験もきっと未来の糧になる。だからこそ、他人まかせでなく、悩んで、悩んで、自分で決めてほしい。

　それでも、どうしても決められなかったり、進むべき方向がみつからなければ、どうするか。そんなときは、どっちの道も正解なのです。正解は1つとは限らない。運にまかせて、とにかく進んでみればいい。キャリアを考え、キャリアを創るとは、悩みながら、そんな覚悟や勇気、行動力を自分のなかに育てていくことなのです。

　小説家であり、日本に麻雀を広めたことでも有名な色川武大さんという人がいました。色川さんは、数々のギャンブル体験から得た人生観を、大相撲になぞらえて次の

ように言いました。「9勝6敗を目指せ」（『うらおもて人生録』、新潮文庫）。

　トントンとは、8勝7敗とか、7勝8敗あたりでしょうか。「自分なんて負け越しばかり」とため息の大人も多いですが、それでも長い目で振り返れば、そんなもの。ただ、それだけで満足なんて、なんだかさみしい。かといって10勝以上、ましてや全勝なんて目指すのはどうにも無理がある。できたとしても後の反動がおそろしい。つねに9勝6敗を目指すのがプロ、というのは言い得て妙です。

　もちろん人生は勝ち負けではありません。あくまでイメージの話です。戦う相手がいるとすれば、それは他人ではなく、自分であることがほとんどです。ただ、やらなければならないこと、逃げてはいけない勝負の瞬間が、ときとしてふりかかってくるのも事実です。トントンでホドホドの一生から、ほんのちょっとでもいい、自分なりの勝ち越しを目指す。そのための具体的なヒントを「キャリア基礎講座」から見つけてほしいと思います。

　この先、わからないことだらけ。わからないから不安と、おびえるか。わからないからこそ面白いんだと、良い意味で開き直れるか。講座を通じて、わからないことが面白いと思える人になってほしい。学んだことは、すぐに理解できなくてもかまわない。将来「あのときの話は、このことだったんだ」と気がつけば十分です。

　この講座体験が、将来に向かっていくみなさんのお守りになることを信じて。

　それではキャリア基礎講座の始まりです。

玄田　有史

第3版の開講に寄せて

　10年ひと昔、スピードの時代の昨今では5年ひと昔くらいでしょうか。この「キャリア基礎講座テキスト」が初めて出版されたのが2014年ですので、来年で10年目を迎えることになります。非常にありがたいことに、10年を迎えると同時に、第3版を開講させていただくことになりました。

　この10年を振り返ってみると、世の中は言葉通り激動の時代だったと感じます。「キャリア」を取り巻くさまざまな環境が変化するなか、2018年に第2版として国が推進する「働き方改革」やネット社会の急激な進展もふまえAI時代の未来の働きかたについて追加させていただきました。

　第2版からすでに5年が経過しましたが、世の中では2019年に平成から令和に元号が変わり、2020年には、新型コロナウィルス感染症（COVID-19）によって今までの当たり前の生活とはかけ離れた「時」を過ごすこととなりました。誰しもがこのような事態になるとは予想だにしなかったと思います。

　2011年に発生した東日本大震災の映像をテレビで見ていた際にも感じましたが、今回緊急事態宣言が発出され外出自粛が呼びかけられた後に映し出された渋谷のスクランブル交差点に誰一人いない状況を見たときは、「この世の終わり」の映像を見ているようでした。かの有名なノストラダムスの「一九九九年七月天から驚くほど恐ろしい王」がやってくるという大予言や2000年問題（コンピュータが誤作動する恐れがあるとされた問題）の際には、それほど気にすることもありませんでした。しかし今回は、地球全体が黒い雲に覆われたような、本当に恐ろしい王が舞い降りてきたような気持ちになりました。

　百貨店や映画館などの人が集まる商業施設の利用制限や、文化祭、体育祭、修学旅行の中止など、みなさんの生活にも大きく影響があった出来事だったと思います。

　一方、働き方も劇的に変化をすることとなりました。第2版で追記した「働き方改革」がコロナウィルス感染の影響によって急激に促進され、在宅勤務などのテレワークが進み、オンライン上で仕事することが当たり前のようになり、出張も残業も激減しました。今まで当たり前だったことが当たり前ではなくなる、まさにそんな時代が到来したと思います。

本書の中でも引用させていただきましたが、今から60年以上前の1940年に出版された当時の科学技術庁が監修した『21世紀への階段　40年後の日本の科学技術〜タイムカプセルを開けてみませんか〜』は、まさに今現在の生活を未来予測している本と言えます。◎電話はポケットに入る、◎機械が経営する時代、◎東京⇔大阪を1時間で、◎切符切りのいない改札、◎翻訳機の出現、◎しゃべればその通りに動く、◎居眠り運転も平気（自動運転）など、今では当たり前に生活の一部となっているものや間もなく実現するものが、60年以上前の終戦の日の前に予測されていたのです。ネット社会が進展し、ロボット化、AI化が進んでいく中、私たちの「キャリア」はどのような未来に向かっていくのでしょうか。

　1996年にダグラス・ホールが「The Career is Dead（キャリアは死んだ）」というタイトルの書籍を出版しました。この数年の出来事によって、日本においても従来型のキャリア（キャリアの階段を山登りのように登っていく形）は終焉しつつあり、今までとは異なる新たな形（まさに自分で自分のキャリアを創る）のキャリアを模索する時期に入っていると感じます。

　今回の第3版では改めて、激動の時代に自身のキャリアを考える機会の道標になるような「キャリア」に関する理論を掲載させていただきました。混沌とした時代の中、この本がご自身のキャリアを築く手助けになれれば幸いです。

　最後にダグラス・ホールの『プロティアン・キャリア　生涯を通じて生き続けるキャリア』という本の中で引用されたラルフ・ワルド・エマーソンの言葉をご紹介します。

『よく笑うこと。聡明な人々から尊敬され、子供たちから好かれること。誠実な批判者から賞賛され、不誠実な友人からの裏切りに耐えること。
美しいものの良さを理解し、他者の最も良いところを見つけること。世界を少しばかりよくすること。その手段は、健康な子供を持つ、庭に小さな畑を作る、社会情勢を改善するなど、なんでもよい。あなたのおかげで良い人生を送れたという人がいること。これが成功したということである。』

荒井　明

目次

第1章 「はたらく」意味を考える

1-1 何のために「はたらく」のか

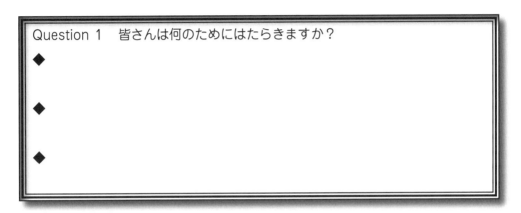

Question 1　皆さんは何のためにはたらきますか？
◆

◆

◆

　この質問にすぐに答えられた方はどれだけいるのでしょう。お金を稼ぐため、生活のため、義務だから、みんな働いているから…　とても難しい質問だと思いますし、この質問は永遠に自分に問い続けるかもしれません。

　日本国民の三大義務に、①教育の義務、②勤労の義務、③納税の義務とあります。でも、憲法をよく見てみると、「すべて国民は、勤労の権利を有し、義務を負ふ（憲法27条Ⅰ）」とあります。義務である前に、「はたらく」権利があるのです。

　『義務』という言葉を辞書で調べてみると、「その立場にある人として当然やらなければいけないとされていること（新明解国語辞典）」とありますが、『権利』を調べてみると、「物事を自分の意志によってなしうる資格」とあります。つまり、私たちには「はたらく」資格があるのです。

　私の大好きな玄田先生の言葉に、働くためには「ちゃんといいかげんに生きる」ことが必要だという言葉があります。「いいかげん」というと適当にとか、投げやりというイメージを持たれる方もいるかもしれませんが、この「いいかげん」は、「ほどほどに」とか、「適度にいい加減」という意味です。学生の方と話をすると、「何のためにはたらくのかわからない」、「やりたいことがわからない」、「やりたいことがない」という言葉をよく耳にしますが、肩肘をはらずに、「はたらく権利があるんだ」、「いい（ほどよい）加減ではたらいてみよう」と思ってもいいのではないでしょうか。

　厳しく生きやすいとはいえない時代における「はたらく」という意味は、一生懸命

がむしゃらに仕事をしたり、成果主義という言葉が表しているように効果（成果）を出すことと感じてしまうかもしれません。実際に「はたらく」という言葉を調べてみると、①うごく、②精神が活動する、③精を出して仕事をする、④他人のために奔走する、⑤効果をあらわす（広辞苑）とあります。

　この中で、私が注目してほしいのは、「はたらく」には、『他人のために奔走する』という意味があるということです。皆さんが、ちゃんといい加減に働けば、必ず誰かの役に立ち、誰かが助かっているのです。人のために頑張って動き、人のために奔走すれば、「はた（傍）のひとがらく（楽）」になるのです。

　「はたらく」を労働という観点から見ると、2つの側面があります。1つは「経済性」というお金を稼ぐという意味、もう1つは「社会性」という個人の働きがい、やりがい、生きがいという意味があります。

　内閣府が実施している『国民生活に関する世論調査（平成25年6月調査）』では、「働く目的は何か」という質問に対して、1位は「お金を得るために働く」（48.9％）、2位は「生きがいをみつけるために働く」（20.9％）、3位が「社会の一員の勤めを果たすため」（16.1％）、4位が「自分の才能や能力を発揮するために働く」（8.9％）という結果でした。これが令和4年10月調査では、「お金を得るために働く」が63.3％と14.4ポイント上昇し、「生きがいをみつけるために働く」が14.1％と6.8ポイント下がりました。

　また、平成25年の調査で「どのような仕事が理想的だと思うか」という質問に対しては、1位「自分にとって楽しい仕事」（59.6％）、「収入が安定している仕事」（59.6％）、3位「自分の専門知識や能力がいかせる仕事」（40.1％）、4位が「健康を損なう心配がない仕事」（31.3％）という順でした。これが令和4年10月調査では、1位「収入が安定している仕事」（62.8％）、2位「私生活とバランスがとれる仕事」（53.7％）と大きく変化しました。

　皆さんは、何のために働きますか？

> 「働く意味は、いろいろあるだろうけど
>   一つに決めつけないことが大事。
> いくつかの、どっちつかずの意味のあいだで、
>   変化を求めて揺れ動きつつあることにこそ
>   意味といえば、意味があるんじゃないか。
>
> （出所）玄田有史ブログ「ゲンダラヂオ」

▌ 1-2　教育とお金について考える

Question 2

子ども1人にかかる教育費（幼稚園から大学まで進学するとして授業料の他、塾・予備校等も含む）は、いくらぐらいでしょう？

_____ 円　　　　　　（答えはP5にあります）

日本人の平均年収約450万円、平均年間労働時間1,800時間だとすると時給はいくらになるでしょうか？

_____ 円

子ども1人の教育費を稼ぐには、何時間働かないといけないでしょうか？

_____ 時間

1か月にこつこつと10万円ずつ貯金するとして、子ども1人の教育費を貯めるには何年かかるでしょうか？

_____ 年

　「労働」という観点から「はたらく」ことを考えてみると、歴史的に「もの」としての側面と「ひと」としての側面があります。世界経済において、大なり小なりはあったとしても、基本は貨幣経済（お金で商品を交換すること）であり、人間が生活していくうえで、お金を稼ぐための「もの」としての側面があります。一方、労働は、

他者のつながりの中で行われる社会とのつながり、人間の社会性という「ひと」としての側面も持ち合わせています。

アメリカの心理学者アブラハム・マズローが提唱した有名な理論に「欲求5段階説」というものがあります。人は、高次の欲求に向かって絶えず成長していくものとして、生理的欲求（空腹、渇きなど）、安心・安全欲求（保護、経済的安定、健康の維持など）、社会的欲求（愛情、帰属意識、友情など）、自我・自尊欲求（自尊心、自立性、達成感、地位、表彰、注目など）の「欠乏欲求（Deficiency-needs）」といわれる4つの欲求と、存在欲求（Being-needs）といわれる「自己実現欲求（自己の成長、潜在能力の達成、自己実現等）」の5つの欲求があるとするものです。「自己実現」という言葉だけが独り歩きしていますが、この欲求を達成する人はほんの一握りの人で、そんなに簡単には自分がやりたいことを見つけて、自己実現の段階までの到達感を味わうことができることはなかなか難しいとも言っています。さらに、マズローは晩年にはこの「自己実現欲求」を達成した人の次の段階として、「自己超越」があることを発見しました。起業して経済的にも社会的にも個人的にも成功した方とお話すると、「今後何をしたいですか？」という質問に対して、必ず「社会を変えたい」、「日本を変えたい」、「願わくば世界を変えたい」とおっしゃいます。自己実現に到達する段階になると、自分という存在を越えて、もっと大きなレベルを目指すようになるのかもしれませんね。これは有名な話ですが、2010年に会社更生法の適用を申請した日本航空の再建を、京セラ、第二電電（現KDDI）の創業者稲盛和夫氏は代表取締役会長として無給で務め、見事に立て直しに成功しました。このレベルに至るとお金や名誉といったものより、自分の果たすべきことを全うし、行動できるのでしょう。

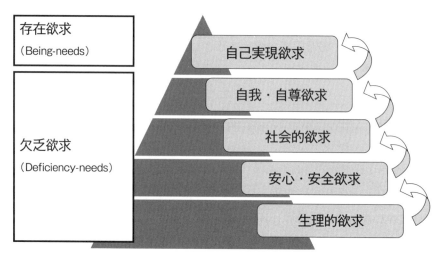

「はたらく」ことのもう1つ「お金を稼ぐ」という経済性の側面を考えてみましょう。マズローのいう生理的欲求は、生命を維持するための「食べる、飲む、睡眠、排泄など」を意味し、安心・安全欲求は「安全・安心な暮らし、雨風をしのぐ家や健康の維持」を意味しています。つまり、生きていくための「衣食住」はこの2つの欲求に属しており、「食べる・寝る・寒さ暑さを凌ぐため」には、お金は欠かせません。まだ、ご実家で生活している方も多いかもしれませんが、もし1人で生計を立てるとなれば「生きていくためにはどのくらいのお金が必要なのでしょうか？」。贅沢な暮しは置いておいて、最低限必要なお金はいくらぐらいかかるか調べてみましょう。

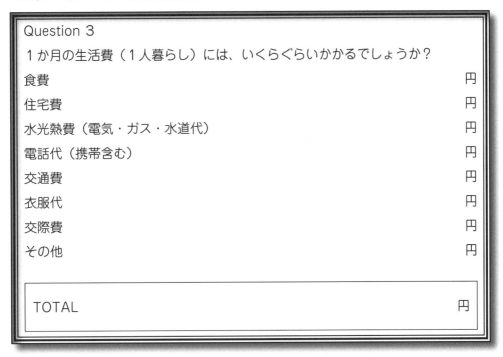

Question 3

1か月の生活費（1人暮らし）には、いくらぐらいかかるでしょうか？

食費	円
住宅費	円
水光熱費（電気・ガス・水道代）	円
電話代（携帯含む）	円
交通費	円
衣服代	円
交際費	円
その他	円
TOTAL	円

　生きていくためにはどのくらいのお金が必要でしたか？　最初に考えた「子ども1人にかかる教育費（＊「令和3年子供の学習費調査（文部科学省）」、「令和3年教育費負担の実態調査結果（日本政策金融公庫）」から筆者試算）」は、幼稚園から高校まで公立で大学は国立の場合、約1,100万円、中学まで公立で高校・大学（文系）は私立の場合約1,400万円、中学から大学まで私立の場合約1,700万円、小学校から大学（文系）まで私立の場合約2,500万円位かかると言われています（Question 2はこの数字を参考にして、計算してみてください）。

　最初に「義務と権利」のお話をしましたが、義務教育（小学校から中学校まで）の間の授業料は公費つまり税金で支払われますが、学ぶためにかかるその他のコストは

保護者の方が負担しているのです。義務教育だからといって全てが無料ではないということを忘れないでください。

　でも、なぜ高いお金を支払ってまで教育を受けさせるのでしょうか。それは、ご両親は、教育費はコスト（費用）ではなく、将来を担う皆さんへの投資として考えているからなのです。福祉の国・国際競争力世界トップクラスと言われる「フィンランド」は経済苦境に陥った際、若きオッペン・ヘイノネン元教育大臣は、「経済不況の中で限られた予算を投資するのであれば、一番有効なのは子どもたちへの教育」だと述べました。フィンランドでは、「ゆりかごから墓場まで」教育に関わるお金は全て無料です（授業料・入学金、高校までのノートや筆記用具、給食費、通学費、遠足への支援など）。また、高校まで基本的に試験はなく、留年することも本人次第、働いてから学び直すこともできますし、もちろん無料です。フィンランドの学生は、勉強とは「本を読む」ことだといい、小学生から3か国語で話すことや、自分で考え、自分の考えをパワーポイントなどを使ってわかりやすく伝えることを徹底的に学びます。その成果の表れとして、OECD（経済協力開発機構）による15歳の生徒を対象とした「学習到達度調査（PISA）」で、数学知識、科学知識、読解力、問題解決の4分野において世界でトップクラスになっています。

　日本でも、高校無償化等教育に関わる取り組みが、少しずつですが行われるようになってきましたが、一進一退の状態です。今後消費税も上がっていくなかで、教育のようにすぐには結果が出ないものに対しても、将来への投資につながると考えられるのであれば、税金が使われるような社会になってほしいものです。

Question 4

塾もない、偏差値もない国フィンランドの教育制度についてどう考えますか？

◆

◆

◆

1-3　社会の仕組みを考える

　日本国民の三大義務のお話をしましたが、国民が労働の対価として、収入を得て、国に税金を支払うのと同様に、企業もモノやサービスを提供することによって収入を得て、労働者への賃金や国への税金を支払っています。それでは、税金（租税）を徴収している国は何を国民に提供しているのでしょう。国は、国民が一生懸命働き企業に貢献し得た報酬の中から支払われる税金と、企業が従業員の汗と涙で稼いだ利益から法人税等を受け取り、主に公共サービス（教育、医療、警察、消防、電力、図書館など）を提供しています。「お金」、「モノ」、「サービス」の流れのことを「経済活動」といい、国民はこの社会の仕組みの中で、働いて収入を得て、消費者としてモノやサービスを買ったり、納めた税金で公共サービスを享受しているのです。

　経済力の目安を知るのに、一番わかりやすいのは国内で生み出される付加価値＝GDP（Gross Domestic Product：国内総生産）という指標です。次のグラフを見てどう感じますか？

			名目GDP　国別ランキング			
順位	2007年	2008年	2009年	2010年	2015年	2022年
1位	United States	United States	United States	United States	United States	United States
2位	Japan	Japan	Japan	China	China	China
3位	China	China	China	Japan	Japan	Japan
4位	Germany	Germany	Germany	Germany	Germany	Germany
5位	United Kingdom	France	France	France	United Kingdom	United Kingdom
6位	France	United Kingdom	United Kingdom	United Kingdom	France	India
7位	Italy	Italy	Italy	Brazil	India	France
8位	Canada	Russian	Brazil	Italy	Italy	Italy
9位	Spain	Brazil	Spain	Canada	Brazil	Canada
10位	Brazil	Spain	Canada	India	Canada	Korea

（出所）IMF World Economic Outlook Databases（2022年4月版）

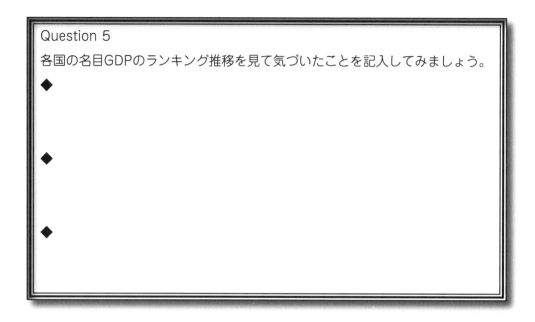

Question 5
各国の名目GDPのランキング推移を見て気づいたことを記入してみましょう。

◆

◆

◆

　日本は、敗戦後「欧米に追いつけ、追い越せ」を合言葉にがむしゃらに頑張り、世界第2位の大国にまでなりました。2010年に、中国に抜かれてしまいましたが、日本は本当に豊かな国なのでしょうか？

　「国の借金」と一言でいっても捉え方によっては多岐にわたってしまいますが、財務省によれば、2022年度末の国の借金残高（普通国債残高）は約1,029兆円になり、これを国民1人当たりにすると約1,000万円を超える計算になります。次のグラフは債務残高の対GDP（Gross Domestic Product：国内総生産）比の先進国比較ですが、他の国と比べても日本は急速に悪化していることが一目でわかると思います。

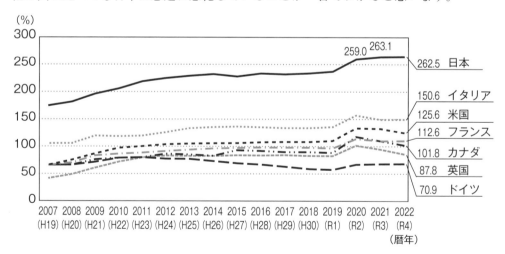

（出所）IMF "World Economic Outlook"（2022年4月版）

2022年現在日本の65歳以上の人口は3,625万人（総人口の29%）、2055年には総人口が大幅に減少し、65歳以上の人口の割合は40%を越えるとも言われています（５人に２人が65歳を越えているということです）。

　日本が抱えている膨大な借金をいずれ日本国民が返済しなければなりませんが、国民１人当たりの借金といってもピンとこないと思いますし、日本は大丈夫なの？　と不安に思う方もいるかもしれません。さらには少子高齢化社会の中、将来を担う皆さんの大きな負担になることも事実です。2022年の日本の財政を家計に例えてみると以下のようになります。

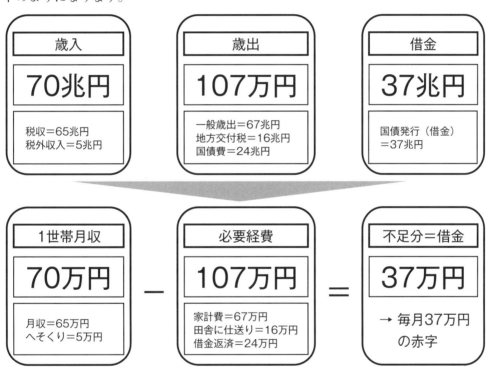

（出所）財務省HPをもとに筆者作成

　昨今ヨーロッパの金融不安に関するニュースが多く報道されており、2001年のアルゼンチンの財政破綻（債務不履行宣言＝デフォルト。借金が返せなくなってしまったこと）や数年前に起きたギリシャの財政危機問題は記憶に新しいと思います。ギリシャの借金と日本の借金の大きな違いは、ギリシャは外国（他人）から借金をしていましたが、日本は国民（日本の銀行や日本国民）から借金をしています。ギリシャが財政不安を回避するために実施した政策は、①国家公務員の給与カット、②増税、③年金のカットでした。

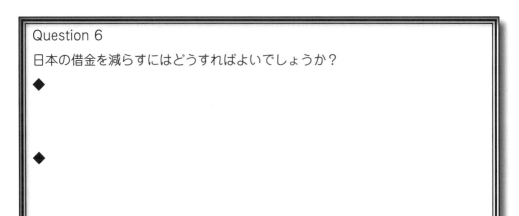

Question 6
日本の借金を減らすにはどうすればよいでしょうか？

◆

◆

▌ 1-4　「はたらきかた」と「はたらかせかた」を考える

　アメリカの経営学者であるジェームス・アベグレン（James C. Abegglen）は、戦後の日本の企業の発展・日本的経営の強さの源泉が、①終身雇用（長期雇用）、②年功序列型賃金制度、③企業別労働組合にあると著書「日本の経営」の中で50年以上も前につきとめました。昔の働き方といえば、「正社員」か「パート」、「学生アルバイト」が主なものでした。しかし、1990年代のバブル経済崩壊とともに企業を取り巻く環境が大きく変化し、成果主義の導入（第4章で説明）や「正社員」の枠を縮小して非正規雇用の構成比率などを上げ、何とか厳しい環境を乗り越えようとしました。企業も皆さんと同様に税金も支払わなければいけませんし、未来への投資もしなければなりません。当然働く人への給料も払わなければいけませんので、皆四苦八苦しながら何とか乗り越える策を講じたのです。

　敗戦後日本は、飛躍的な成長を遂げ、先のグラフのように世界で第2位の豊かな国となりました。たかだか約38万㎢しかない小さな島国が世界第2位になるということは、他の国から見れば脅威であったのではないでしょうか。しかし、現在の日本は、アベグレンがつきとめた日本的経営の強さが大きく崩れようとしており、「はたらきかた」も大きく変わろうとしています。右肩上がりの高度経済成長時代（1954年から1973年の19年間）は、頑張れば給料も上がり、働く年数に応じてポストも係長から課長、そして部長になる道もある程度保証され、休暇には会社の保養施設を利用して家族サービスも十分に享受することができました。

　しかし、バブル経済崩壊後に不必要な物（福利厚生施設、手当、教育など）は極力排除・縮小し、正社員の枠を減らして非正規社員の構成を増やしたり、導入した成果

主義では、先ほどの働く意味の「効果をあらわす（広辞苑）」が主な目的となり、常に成果が問われるようになりました。失われた20年の「つけ」を最も象徴しているのが、「若年者の雇用環境」です。

　バブル経済崩壊後、日本経済の長期低迷とグローバル化に対応すべく、非正規社員も含めた雇用形態の多様化を基盤とする「雇用ポートフォリオ」という考え方が導入されました。1995年、日本経営者団体連盟の『新時代の「日本的経営」』の中で、日本的経営の強みである長期雇用は今後も大切にすべきであるが、経営環境の変化に対応できる柔軟な新たな雇用管理制度が主張されました。その中では働く人たちを、①「長期蓄積能力活用型グループ」、②「高度専門能力活用型グループ」、③「雇用柔軟型グループ」の3つの雇用グループに区分したのです。今までの正社員（長期蓄積能力活用型グループ）は極力少数精鋭化して、経営の効率化を目指し、必要に応じた雇用調整が可能な有期雇用（期限がある）契約の従業員（高度専門能力活用型グループと雇用柔軟型グループ）の構成を増やすことを志向したのです（詳細は第4章で説明）。次のグラフをご覧ください。

正規雇用者と非正規雇用者の推移

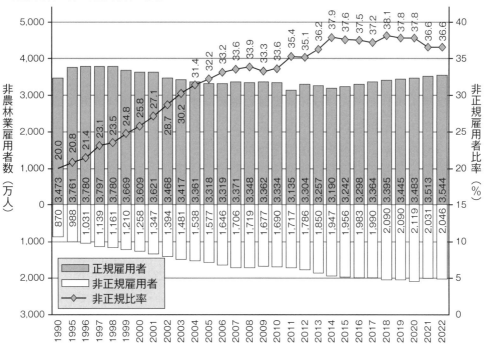

（注）非農林業雇用者（役員を除く）が対象。1〜3月平均（2001年以前は2月）。男計と女計を合計した
　　　結果。非正規雇用者にはパート・アルバイトの他、派遣社員、契約社員、嘱託などが含まれる。
　　　2011年は岩手・宮城・福島を除く。
（資料）労働力調査（詳細集計）　　　　　　　　　　　　　　　　　　（出所）総務省『労働力調査』

1990年には20.0％だった非正規雇用者の比率が年々上昇し、2018年には38.1％と最高になり、非正規雇用の増加と待遇格差が社会問題となりました。国税庁の民間給与実態統計調査（令和３年）によれば、給与所得者の１人当たりの平均給与は443万円（男性545万円、女性302万円）で、正規雇用は508万円、非正規雇用は198万円となっています（平成29年「就業構造基本調査結果（総務省統計局）」においては、正規雇用者の30～34歳の未婚率は43.4％、非正規雇用者は77.7％（男性雇用者）という数字も発表されています）。

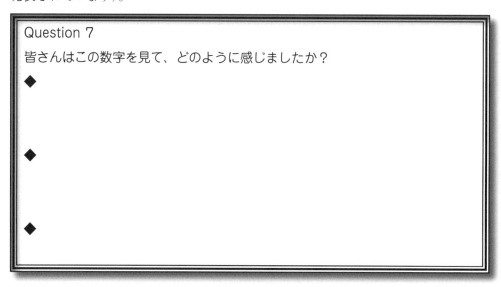

平成25年４月１日から、高齢化の急速な進展に対応し「高年齢者雇用安定法」の一部が改訂され、高年齢者の雇用の安定を図ることを目的として、60歳で定年を迎えた社員のうち希望者は65歳までの雇用を継続できるようになりました。つまり、雇用が延長される分（65歳までの雇用の原資）のために、現社員の賃金を抑制したり、若年層の採用を減らしたり、非正規社員の削減を検討する企業も出てくることでしょう。

　社会経済の皺寄せが、若年雇用に影響していることがおわかり頂けましたか？「働きたくても、働けない」、そんな厳しい社会が今目の前にあるのです。

　日本の若年者雇用の問題を社会問題として取り上げたのが、『ニート　フリーターでもなく失業者でもなく（玄田有史・曲沼美恵著）』という１冊の本でした。ニート（Not in Education , Employment , or Trainingの頭文字）という言葉は、元々1999年に作成された「Bridging the Gap」というイギリスの調査報告書によって世に知れ渡りました。ニートに「なりたくてなっている」のではなく、働きたくても働けなくて仕方なくニートにならざるをえない若者が年々増加している（厚生労働省の定義によ

れば約60万人）ことは明白な事実なのです。

　15歳から34歳までの若年無業者（雇用もされておらず、教育も職業訓練も受けていない若者）のニートという社会問題もさることながら、最近では、SNEP（Solitary No-Employed Persons）という孤立無業者が増加しているという事実があるそうです。スネップとは、「20〜59歳で未婚の人のうち、仕事をしていないだけでなく、ふだんずっと1人でいるか、そうでなければ家族しか一緒にいる人がいない人たち」とされており、2011年の調査では、全国に162万人いるという驚きの数字が発見されています。このような、若者の雇用問題の一助となるのが「キャリア教育」であると私は考えています。「キャリア」については次章で触れますが、これからの時代は「自分のキャリアは自分で創る」時代であり、真っすぐな道はなく、どの道を選択し、右に行くか左にいくか、はたまた立ち止まるのかを考えていかなければいけない時代なのです。

　アベグレンの3種の神器が崩れつつある現在、政府が議論している新たな働き方として限定正社員（ジョブ型正社員）という考え方があります。今までの正社員の働き方をメンバーシップ型（終身雇用、就社：会社に入る）とし、正社員と非正規雇用の中間的な働き方としてジョブ型（就職：職種に就く）という、労働（職種）の内容や勤務地、勤務時間などを限定した働き方が検討されています。給料は正社員より低くなるものの、非正規雇用での不安定な雇用よりは保証される働き方になりますが、事業所の閉鎖や仕事がなくなれば企業側は解雇できるというマイナス面もあります。今後、ますますさまざまな雇用形態を皆さんは自分のキャリアに合わせて選択していく時代になったのです。

Coffee break

　マズローは、欲求を生理的欲求、安心・安全欲求、社会的（親和）欲求、自我・自尊欲求、自己実現の欲求の5段階で為しているとし、下位次元の欲求が満たされて初めて、次の次元の欲求が生まれるピラミッド構造であると理論化しました。

　最初の4つの欲求を欠乏欲求（Deficiency-needs）、自己実現欲求のみを存在欲求（Being-needs）と区分けすることもあります。自己実現欲求のさらに次の次元の段階が、自己超越（self-transcendence）です。

　それぞれの欲求の意味は

・生理的欲求（Physiological）：お腹が空いた！喉が渇いた！もっと寝たい！

・安心・安全欲求（Safety）：安全・安心な暮らしがしたい！健康でいたい！

・社会的欲求（Love/Belonging）：どこかに所属していたい！仲間が欲しい！

・自我・自尊欲求（Esteem）：認めて欲しい！尊敬されたい！

・自己実現欲求（Self-actualization）：自己成長したい！　あるべき自分になりたい。

・自己超越（Self-trascedence）：自分のエゴを越え、見返りを求めず、他者や組織、社会のために自分の力を最大限発揮しよう！

第2章 「キャリア」について考える

2-1 「キャリア」って、何？

Question 1 「キャリア」のつく言葉を書き出してみましょう。

◆

◆

◆

◆

◆

◆

　皆さんは、キャリアのつく言葉はいくつぐらい思い浮かびましたか？「キャリアウーマン」、「キャリアアップ」、「キャリア官僚」、「キャリアデザイン」、「キャリアサポートセンター」…。

　「キャリア」という言葉をイメージしてみると、バリバリ活躍していたり、会社での地位が上がっていったり、高級官僚だったりというイメージはありませんでしたか？　英語の辞書で「career」を調べてみると、①経歴、履歴、（一生の仕事とする専門的）職業、②成功、出世、③進展、進行、成り行き、④速力（PROGRESSIVE英和中辞典より）となっています。

　「キャリア」という言葉の語源を研究した法政大学の川喜多喬先生によれば、キャリアはもともとラテン語のcarrus（単数系）、carri（複数系）であり、「車輪のついた運搬具・乗り物」の意味で使われた言葉だそうです。やがてcarrusはラテン語carraria「馬車道（轍）」、「馬車戦車のトラックコース」となり、フランス語carriereとなって「レースコース（誰が勝つかという競いあい）」を意味するようになり、その後イギリスに伝わってcareer「フルスピードで馬を疾駆させる」という戦闘における突撃を意味するようになったのです。他方では、「太陽の通り道」や権力への階段の上へ上への道を意味するようになりました。

　NHKの「プロフェッショナル　仕事の流儀」という番組のテーマソングであるスガシカオさんの「Progress」という曲に、こんな素敵な歌詞があります。

> ずっと探していた理想の自分って
> 　　もうちょっとカッコよかったけれど
> 　　　　ぼくが歩いてきた日々とみちのりを
> 　　　　　ほんとうは「ジブン」っていうらしい
> ねぇ、ぼくらがユメ見たのって
> 　　　誰かと同じ色の未来じゃない
> 　　　　　誰も知らない世界へ向かっていく勇気を
> 　　　　　　「ミライ」っていうらしい
>
> （出所）スガシカオ『Progress』

　スガシカオさんの歌詞にもあるように、自分が歩いてきた道のりのこと、そして「これまでのそしてこれからの道」のようなものが「キャリア」っていうものなのかもしれません。自分はどんな道を歩いてきたのか、これから自分はどう生きていくのか、その道について、一度立ち止まって自分なりに考えてみること、でも理想としていたものよりそんなにカッコイイものじゃないけれど、それが自分ということに気づくこと。歩んできた道もこれから歩む道も人それぞれ違うけれど、同じ人生ではない自分だけの人生を創っていくこと、そして、真っすぐではない道をそれも曲がりくねったり、途中で行き止まりになってしまう道を、自分なりに自分の足で歩き続けることこそが「キャリア」なのだと思います。自分のキャリアは、人と比較する必要もありませんし、焦ることもありません。「ゆっくり」、「焦らず」、「勇気を持って」、自分の足で築いていくものです。

　誰も知らないキャリアや未来を築いていくには、悩んだり、立ち止まったり、一歩踏み出す勇気も必要ですし、これから先、迷ったり、行き先がわからなくなったり、壁にぶつかってしまう時もあることでしょう。悩んで立ち止まってしまった時は、1人で考えこみ過ぎないで、誰かに声にして助けを求めてみてください。必ず壁の向こう側から、コンコンと壁に穴をあけてくれる人が現れます。長い人生でもっとも重要なことは、自分がどのような道を歩んでいくのか、どうやってその道を創っていくのかということです。その道の先には、輝く未来と希望があると信じること、そして自分を信じて少しの勇気を振り絞って、少しずつゆっくり歩んでいくことです。

Question 2

結婚式で、皆さんはどのように人物紹介されたいですか？

◆

自分のお葬式で、皆さんは祭壇の写真から参列者の方を見ているとしたら、皆さんの歩んできた人生について何とコメントして欲しいですか？

◆

Coffee break

キャリア（career）の定義

ドナルド・E・スーパー（1980）

「キャリアとは生涯過程を通して、ある人によって演じられる**諸役割の組み合わせと連続**」（A career is defined as the combination and sequence of roles played by a person during the course of a life-time.）

ダグラス・ホール(1976)

「キャリアとは、ある人の生涯にわたる期間における、仕事関連の諸経験や諸活動と結びついた態度や行動における**個人的に知覚された連続**である」（The career is the individually perceived sequence of attitudes and behaviors associated with work-related experiences and activities over the span of the person's life.）

「キャリア」の定義は必ずしも明確ではありませんが、職業生活上の活動と経験の進展のパターンである「ワークキャリア（Work Career）」と、職業生活、家庭生活、地域社会や友人との関係などを含む、個人の生涯にわたる生活空間の広がりのパターンである「ライフキャリア（Life Career）」の2つの観点があります。現在のキャリア教育は、どちらかというと前者のワークキャリアに傾倒していますが、職業や就労だけでなく、私は後者のライフキャリアにおける広い意味で、学ぶ、働く、生きることの準備と捉えています。

2-2 「キャリア教育」の起源を知る

「キャリア教育」の起源は、1971年に当時米連邦教育局長官だったシドニー・マーランド（Sidney. P. Marland, Jr.）が、「われわれ教育者が、職業教育（Vocational Education）と呼ぶのをやめ、キャリア教育（Career Education）と呼ぶ」という言葉が始まりだと言われています。そして、こうも述べています。「すべての教育はキャリア教育であるべきだ。また、今日キャリア発達を語りあう時は、ある特定の仕事や訓練についてではなく、<u>生涯を通じて進歩し向上しようとする人々の能力をどう高めるかについて語る必要がある</u>」と。

　その後、約20年の月日を経てキャリア教育が日本に導入され、出発点である1999年に中教審（中央教育審議会）答申「初等中等教育と高等教育との接続の改善について」の中で、<u>キャリア教育とは「学校教育と職業生活の円滑な接続を図るため、望ましい職業観・勤労観・及び職業に関する知識や技術を身につけさせるとともに、自己の個性を理解し、主体的に進路を選択する能力・態度を育てる教育」</u>をいうと記されました。

　次のグラフをご覧ください。

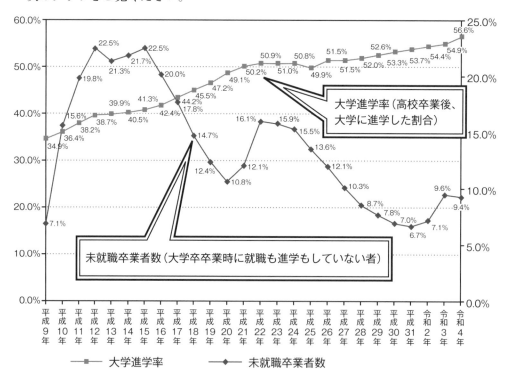

（出所）文部科学省「学校基本調査」

Question 3
皆さんはグラフの数字を見て、どのように感じましたか？
◆

◆

　現在高校生の1学年の数は約110万人で、高校卒業後、大学に進学する人が約60万人いるそうです。このうち就職できる人が約45万人で、大学院に進学する人が約5万人、卒業前に中退してしまう人が約5万人、そして進学も就職もできなかった人は約5万人いるのです。

　1992年から放送された日本テレビ製作の『進め！電波少年』というバラエティ番組がありました。この番組の中で「ユーラシア大陸横断ヒッチハイク」という企画があり、当時はまだ無名だったお笑いコンビの猿岩石が半年かけてロンドンまでのゴールを目指しました。最初に所持金10万円を渡されるのですが、その後は日雇いアルバイトを繰り返しながら、身も心もボロボロになりながらヒッチハイクを繰り返してゴールを目指していました。当時流行っていたのは、「自分らしく生きる」、「自分探し」、「自己実現」という言葉で、「自分のやりたいこと」を探して、「なりたい自分」を探して、「自分探しの旅」をする人が増えていったのもこの頃だったと思います。バブル経済の時代には、自分らしく生きるためにフリーター（フリーアルバイターの造語）という働き方を選択する人が急増（厚生労働省の定義によれば約180万人）しました。お金や不安定な雇用よりも、「自分らしさ」を優先した方が多くいたのかもしれません。しかし、バブル経済が崩壊し、アルバイトの賃金は大幅に落ち込み、企業も新卒の採用を急激に減らすようになり、就職氷河期が到来し、その後2000年には求人倍率（仕事を求めている人1人あたりに対して何件の求人があるかを示す指標）が1を下回る就職超氷河期を迎えたのです。

　先ほどのグラフは、高校を卒業して大学などに進学した割合と、大学などを卒業して就職もできず進学もしていない人の数を示したものです。平成元年（1989年）には、大学などに進学している人は、10人に2〜3人くらいでしたが、現在では半数以上の人が進学していることがわかると思います。また、不況の問題もありますが、大学などに進学した人が増えたと同時に、就職できない人の数値が急激に伸びていることも

わかると思います。昔のフリーターは、自分の意志でその道を選んでいた人も多かったと思いますが、現在においては働きたくても働けず、仕方なくフリーターやニートになるしかないという人も多くいるのです。このフリーターとニートの急速な増加という現実を受けて、将来を担う若者に希望を与えるために推進されたのが「キャリア教育」なのです。

　もう１つ大きな転機となった事件があります。1997年に起きた酒鬼薔薇（サカキバラ）事件という残酷な事件です。皆さんの中にはご存じの方もいらっしゃるかもしれません。神戸市で起きた連続児童殺傷事件の犯人は、１人の中学三年生の男の子でした。この少年が起こした衝撃的な事件が、地域の大人たちに特別な危機感をおぼえさせ、大人が子どもたちに何ができるかを考えさせる契機となりました。その１つの答えが現在でも兵庫県で実施されている職業体験「社会に学ぶトライやる・ウィーク」という中学２年生全員に社会と触れ合う機会を持たすという取り組みでした。キャリア教育といえば、就職活動に役立つものだからまだまだ先のことと思っている方もいるかもしれませんが、決して就職に関するだけのものではありません。キャリア教育とは、早い段階で、社会に触れたり経験したり、職業について関心を持ったり、一度立ち止まって自分のことや将来のことを考えてみることです。人生はゲームと違って、簡単にリセットすることも、答えがあるわけでもなく、ましてやマニュアル本があるわけでもありません。「自分で自分のキャリアを創れる」ように、さまざまな年代の異なる考え方や異なる環境で育った方と触れ合い、まだ知らない社会のことや働くということを考え、たくさんのことに関心を持って、たくさん学んで、経験することがキャリア教育の本質だと私は思います。

　でも人生は思い通りに進むものでもありません。必ず何度も壁にぶつかりますし、理不尽なことだってたくさんあるかもしれません。だからこそ、学生のうちにたくさんの失敗経験を積んで、たくさんの人と出会い、自分のキャリアについて考える時間を持ってみてはいかがでしょうか。

> 「子どもたちに、安易に、だれでもやれる、やればやれるといいたくない。やってもできないことがある－それも、かなりあることを、ひしと胸にして、やってもできない悲しみを越えて、なお、やってやって、やまない人にしたいと思う」
>
> （出所）苅谷夏子『大村はま　優劣のかなたに』

2-3 「自分のキャリアは自分で創る」

> 社名も、肩書きも、捨てた時
> 　あなたには　何が残るだろう。
>
> （出所）日本経済新聞

　これは何年か前に日本経済新聞の広告に掲載されていたものです。この広告は名刺（社名も肩書きも黒く塗りつぶされていて、名前だけが残っている）を両手で差し出している写真の横に上の言葉が記されていました。昔ですと、いい大学に入って、一流企業に就職すれば、一生安泰の人生があったのかもしれません。企業の名前や肩書で、仕事もできたかもしれません。ある定年退職をなさった方がこうつぶやいていました。「現役の頃は何百枚もの年賀状が来ていたけど、退職してからめっきり枚数が減ってしまった」と。これからの時代は、社名や肩書きよりも、自分の名前と自分の力で、自分のキャリアを形成していかなければなりません。右肩上がりの時代であれば、会社に入って一生懸命頑張って、会社のために残業も厭わず働いていれば、売上も上がり利益も出て、雇用者は頑張りに対する対価として昇進して偉くなって、給料も増えていました。転勤や異動も会社が、個人のキャリア形成を考えて、ある程度道を作ってくれていた時代でした。

　山にたとえると、高度経済成長時代は1合目から2合目そしてゴールに向かって1本の真っすぐな道を会社が用意してくれていました。一度スタート地点につけさえすれば、真っすぐな道を歩いて行けばよかったのです。いい大学を出て、一流会社に就職することがゴールだった方もいたかもしれません。多少の紆余曲折はあったとしても、無事に定年の日を迎えて、年金生活の第二の楽しい人生が待っていたのですから。

　今の時代は、どうでしょう。まずどの山を登るのか、登るためには何を準備しておくか（資格など）、目印もないので右にいくか、左に行くか、立ち止まってみるか、はたまた戻ってみるか、全て自分で選んで自分自身で目的地に辿りつかなければいけないのです。スピードも速く、災害などでさっきまであった道もすぐになくなってしまうかもしれません。せっかく頑張って入った会社でも、他の企業に買収されてしまったり、業績不振で給料がカットされたり、人員削減でリストラされたり、突然倒産してしまったりと何が起こるかわからないのが今の世の中です。

　日本がGDP世界第2位までなることができたのは、第1章でも説明したようにアベ

グレンがつきとめた「終身雇用」、「年功序列」や「愛社精神」、会社は家族という「家族主義」、「絆」、「連帯感」というものがあったからです。喜びや苦しみを皆で分かち合いながらがむしゃらに働き、この日本という国を発展させてきたのです。しかし、これらの古き良き時代に培った日本の強みは、バブル経済が崩壊したのち、成果主義という名の即戦力志向、個人主義重視を過度に求めた時代の流れが押し寄せてしまい、失われつつあります（成果主義については第4章で説明）。

　近年よく耳にする言葉が、「自己責任」という言葉です。何をするにも、自分で考えて自分で決定して、自分で決めたのだから、最後は自分で責任を取りなさいというものです。何かとても冷たい印象の言葉だと感じます。責任を持つことはとても大切なことですが、日本という国の最大の強みは、仲間とともに同じ方向に向かって、みんなで喜びや悲しみを分かち合い、精いっぱいちゃんと生きていくことなのではないでしょうか？

　まだまだ高度経済成長時代の真っただ中の1964年にリクルートという企業は、「自ら機会を創り出し、機会によって、自らを変えよ」という社訓を掲げました、この言葉は創業者の江副浩正氏が高校時代に漢文の授業で出会った「窮すれば変じ、変ずれば通じ、通ずれば久し」という言葉から考え出したそうです。私が人生の行動指針としている「自分のキャリアは自分で創る」の原型となっているものです。

　江副氏の著作「リクルートのDNA」には、「マネジャーに贈る10章」が紹介されており、その中に「希望・勇気・愛情」という章があります。

未来への希望を抱き続けること。
よい明日を築くために今日すべきことはなし終えること。
大切なものは勇気。「為さざる罪を問う」をリクルートのモットーとする。
利益や高い業績を求めるだけでなく、周囲への人々への思いやりや人への愛情も大切。
高い成果の追求のために、人への思いやりを失えば、やがて周囲の人から敬遠されていく。

（出所）江副浩正『リクルートのDNA』

　今の時代だからこそ、効果（成果）をあらわすためにも、人への思いやりを大切にして、誰かのために一生懸命奔走してみるのもいいのではないでしょうか。

第3章 「自分の轍」を考える

3-1 「本当の自分」って！

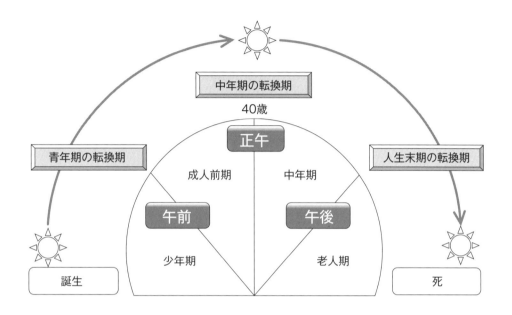

　この図は、スイスの精神医学者であり心理学者であるユングが人生のライフサイクルを80年と想定し考察したもので、40歳（中年期）を「人生の正午」と呼んだものです。午前中は人生の中で、家族のためだったり、生活のためだったり、がむしゃらに頑張って過ごす時でもありますが、40歳を転機に今まで影だった部分に陽があたりはじめ、残りの人生とじっくり向き合い「自分」について考え「自分らしい人生」に向かって、本当の自分を追求していくことが重要だと言っているのです。

『ぼくが歩いてきた日々とみちのりを　本当は「ジブン」っていうらしい』

　「本当の自分」って一体何なのでしょう。私も就職活動を目の前にした際に、初めて自分と真剣に向き合い今までの人生を振り返ったことがありますが、向き合えば向き合うほど、自分が嫌になってしまった経験があります。今までの人生って、あんまりカッコよくないし、嫌な部分だったり、弱い部分ばかり頭に浮かんでしまいました。最近のキャリア教育や就職活動支援では、何度も「自己分析」という名のもと

に、自分と向き合う機会を作ろうとしますが、私はあまり長い間考え過ぎてもしょうがないと思っています。一度真剣にちゃんと自分と向き合ったら、周囲の人に自分がどんな風に思われているか聞いてみることをオススメします。意外と「自分で考えている自分」と「周囲から見られている自分」は、違ったりするものです。できれば、①ご両親をはじめとしたご家族、親友など普段接することが多い人と、②あまり深い関係でもないけど自分のことを知っている人、あるいは③サークルやゼミ、アルバイト先など集団の中で行動をしている際の自分を知っている人に、ご自身のことについて聞いてみましょう（次ページのワークシートを使用）。意外な発見があると思います。

　次のモデルはジョセフ・ルフト（Joseph Luft）とハリー・インガム（Harry Ingham）が考案したフレームワークで、2人の名前の最初の部分を組み合わせて「ジョハリの窓」と呼ばれるものです。

　開かれた窓（Open Window）が大きくなれば大きくなるほど、相手とコミュニケーションが取れているということになります。相手と親しくなるには、まず自分のプライベートなことや秘密にしていることを相手に話してみることです。そして、自分は知らないけど相手が知っていることをフィードバックしてもらってください。自分では気づかなかった客観的な自分を知ることで、本当の自分が見えてくるかもしれません。

◆ジョハリの窓

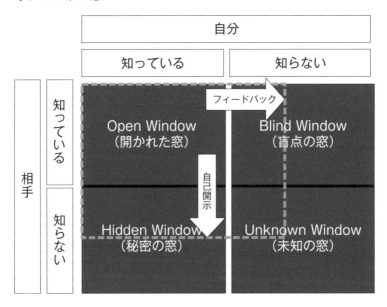

Work Sheet

私の印象で当てはまるものを5～8項目チェック（レ印）してください。

☐明るい	☐控え目
☐エネルギッシュ	☐落ち着いている
☐かしこい	☐楽天的
☐しっかりしている	☐誠実
☐責任感がある	☐勇気がある
☐批判家	☐チャレンジャー
☐ソフト	☐飽きやすい
☐人見知り	☐おおらか
☐おしゃべり	☐冷静沈着
☐現実的	☐内向的
☐社交的	☐人当りがいい
☐頑固	☐人気者
☐親切	☐正義感がある
☐落ち着きがない	☐あきらめやすい
☐我慢強い	☐おっちょこちょい
☐さわやか	☐スポーツマン
☐親しみやすい	☐おもしろい
☐粘り強い	☐のろのろしている
☐てきぱきしている	☐無邪気
☐几帳面	☐独創的
☐リーダーシップがある	☐でしゃばり
☐意思が弱い	☐やさしい
☐真面目	☐チャラチャラしている
☐優柔不断	☐好奇心旺盛
☐時間にルーズ	☐細かい

Work Sheet

◆私のこういうところは、すごいなー、素晴らしいなーと思う点を教えてください。
  エピソードがあれば、具体的に教えてください。

◆<u>あえて言うならば</u>、こういう点を直せばさらによくなる点を教えてください。

◆集団で行動する時私はどんな存在でしょうか？　また、どのような役割を果たしていますか？

◆私に向いている職業を教えてください。また、反対にこの職業は向かなそう、なってほしくない職業があれば教えてください。

キャリア基礎講座テキスト　第3版～自分のキャリアは自分で創る～

3-2　人生について考える

> 「重要なことは、明日何をなすかではない。
> 　不確実な明日のために、今日何をなすかである。」
>
> （出所）P.F.ドラッカー『マネジメント』

　「キャリア」という言葉の語源は「轍」であり、「これまでのそしてこれからの道」のようなものだとお伝えしましたが、これからの皆さんの長い人生の中、さまざまな人生上の出来事が起こります。大切なことは、大きな人生上の出来事を迎える前に一度立ち止まって、自分の轍を振り返り、これからの道をどのように進んでいくのかを考えてみることです。皆さんの中で、人生上の大きな出来事とは何でしょう？　受験、就職、結婚、離婚、失業、転職、引越し、死別などなど、挙げてみればきりがないかもしれません。今の皆さんにとっては、何年後かに1人の大人として社会に出ることが大きな節目かもしれませんね。ぜひ、一度立ち止まって自分の轍と向きあい、これからの道についてちゃんと真剣に考えてみましょう。

　キャリアについてちゃんと真剣に考えるのは、学生の方だけではなく今後大人になってからも何度も考える時があります。四六時中キャリアについて考えるのではなく、人生の大きな節目の時だけで、それ以外の時は寝食を忘れて好きなことに打ち込んだり、勉強したり、社会人になったら一生懸命働いたりと目の前にあるすべきことやしたいことに力を注げばいいのです。

　メリーランド大学の名誉教授ナンシー・K・シュロスバーグ（Nancy K. Schlossberg）は、人生のなかで遭遇する転機（トランジション）を

> ①自分で選んだ転機
> ②予期せぬことが起きるとき（突然の転機）
> ③期待していたことが起きないとき（ノンイベント）
>
> （出所）ナンシー・シュロスバーグ『「選職社会」転機を活かせ』

の3つに分類しました。これからの時代は、何が起きるか想像がつかないことばかりが起こる時代かもしれません。当たり前だと思っていたことが当たり前ではなく、何が当たり前なのかさえ、わからなくなってしまう時代なのではないでしょうか？

皆さんの今までの人生で、起こった大きな出来事を考えてみてください。どれに当てはまりますか?

Question 3

今までの人生の中での大きな出来事を考えてみましょう。

出来事	該当する転機の番号
◆ _____	_____
◆ _____	_____
◆ _____	_____
◆ _____	_____

厚生労働省の調査によると2022年の日本人の平均寿命は、男性81.47歳(世界1位)、女性87.57歳(世界1位)でした。それでは、世界で最も平均寿命が短い国はどこでしょうか?

答えは、アフリカのレソトとシエラレオネという国です。この国々の平均寿命は、男性52歳(レソト)、女性57歳(シエラレオネ)でした。

Question 4

もし、人生が50年だったとしたら、残りの人生何に力を注ぎますか?

◆

◆

◆

これからの時代において「安定した生き方」というのは、もう望めないかもしれません。突然会社が潰れてしまったり、他の会社と合併してしまったり、突然上司が外国人になったり、あるいは昨今の自然災害で何もかも失ってしまうことだってあるかもしれません。まさに「想定外」の世の中です。公務員でも大企業の社員であって

も、今後の未来への保証はありません。予想外の出来事を予測することはできませんが、自分に起こる可能性のある最悪の出来事や状況を最小限に抑えるために、最悪の状態に対してリスクを考え、柔軟に対応していけるようにする準備が必要です。「キャリアの80％は偶然が支配している」という事実を明らかにしたのが、スタンフォード大学教授のジョン・クランボルツです（詳細は「第8章 8-5　計画された偶発性理論」を参照）。クランボルツ教授は、目標を定めてキャリアをこつこつ積み重ねてもキャリアは「予期せぬ出来事」によって左右される時が大半であるが、そんな時でもその偶然を前向きに捉え、積極的に偶然を作り出す姿勢がとても重要だと言っているのです。

　大人からも学生からもよく耳にする言葉が、「だって」、「でも」という言葉です。売上が達成できなかったり、成績が思うようにいかなかったり、何か失敗したりしたときに、「〜のせい」にしたことはありませんか？「天気が悪い」、「景気が悪い」、「学校が悪い」、「社会が悪い」、「親が悪い」、「先生の教え方が悪い」など何かのせいにしてしまったことはないでしょうか。心理学ではこのことを、「セルフ・ハンディキャッピング（Self - handicapping)」といい、自分の失敗を外的条件に求めてしまう行動や行為のことを指します。

Question 5　次の質問に対して、反応・想像してみてください。
①右手を挙げてください。

②２×３＝

③隣に座っている人に自分のことを好きになってもらってください。

②胃液を10倍にしてください。

　さて、皆さんはどれができましたか？　順番に①は行動、②は思考、③は感情（他人）、④は生理的反応です。①と②は誰にでもできたと思いますが、③と④はできなかったのではないでしょうか。相手を変えたり、生理的反応を何とかしようと思ってもなかなかできないか、または時間が相当かかると思いますが、自分の行動や思考は自分次第で変えることができます。「〜が」悪いと考える癖がある方は、まずは変えられるものに力を注いでみましょう。人は自分が居心地がよいと思う行動や思考をし

てしまいます。たとえば、皆さんが大学に行く際、電車は何両目に乗りますか？　だいたい同じ両の同じ場所に乗っていたりしませんか？　たまに、違う電車に乗ってみたり、ルートを変えてみたり、普段通らない道を歩いてみたりして行動パターンを変えてみると、意外に普段と違う偶然が訪れるかもしれません。

　お風呂に入って、体のどの部分から洗いますか？　左手→右手→背中…普段意識していないけれど、同じ行動をしていませんか？　何か自分で変えてみようと思ったらまずは意識して何度も何度も繰り返すことです。意識しないでできるようになれば、それが習慣化されます。神経言語プログラミングと言われるNLP（Neuro-Linguistic Programming）を提唱した言語学者のジョン・グリンダーと近代心理学セラピストのリチャード・バンドラーは、『学習の段階』として第1段階を「無意識的無能」（全く学んだことがない、知らない）、第2段階を「意識的無能」（知識はあるが、思うようにできない）、第3段階を「意識的有能」（意識してならできる）、第4段階を「無意識的有能」（無意識にすることができる）と提示しました。

　「でも」「だって」という言葉が口から出てきた時は、ぜひまずは自分から変えてみましょう。明日から、もう少ししたらと先延ばしにしないで、今すぐ行動してみてください。「重要なことは、明日何をなすかではない。今日何をなすかである」です。

『過去二十年間の働き方や生き方の常識が多くの面で崩れようとしている。
たとえば朝九時から夕方五時まで勤務し、月曜日から金曜日まで働いて週末に休み、学校を卒業してから引退するまで１つの会社で勤め上げ、親や兄弟と同じ国で暮らし、いつも同じ顔ぶれの同僚と一緒に仕事をする。
そんな日々が終りを告げ、得体のしれない未来が訪れようとしている。』

(出所) リンダ・グラットン『ワーク・シフト』

Question 6
皆さんはこの文章を読んで、どのように感じましたか？
◆

◆

3-3 ライフロール（役割）を考える

　自分の轍（キャリア）を考える際、問いかける質問に、①才能と能力（CAN）…何ができるか、②動機と欲求（WANT）…何をやりたいのか、③態度と価値（VALUE）…どのようなことをやっている時に自分に意味を感じるのか、という３つの質問があります。これは、アメリカの心理学者エドガー・シャインが提唱したキャリア・アンカー（長期的な仕事の拠り所や自己イメージのこと）という、仕事が変わったとしても絶対に放棄することのできない「欲求・価値観・能力」などのとても大切にしていることを指します。しかし、これらの質問ってとても難しくありませんか？（働いてから考えるキャリア・アンカーについては、「第8章　キャリア理論」を参照）

◆シャインの３つの問い

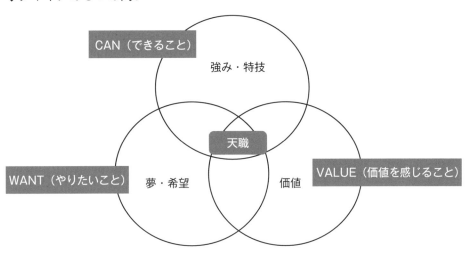

　シャインの３つの問いのVALUE（価値を感じること）は、社会に出るとMUST（すべきこと）に変わり、価値が成果になります。自分ができること、自分がやりたいこと、そして自分が価値を感じることの重なる部分が大きくなればなるほど、天職に近くなるとも言われています。

　まだ、社会に出て働いたことのない皆さんに、何がやりたいか？　何ができるか？　といっても、なかなか答えが出てこないかもしれません。何がやりたいか、何ができるかを自問自答する前に、皆さんが、この世に生を受け、生きていく中で、期待されていてやるべきこと、人生における自分の役割について一度考えてみましょう。

次の図は、ドナルド・スーパー（Donald E. Super）が提唱した「ライフ・キャリア・レインボー」というキャリア発達に「役割」と「時間」の考え方を取り入れた理論になります。スーパーは、「時間」の視点から捉えた「ライフ・スパン」〈成長・探索・確立・維持・解放〉と「役割」の視点から捉えた「ライフ・スペース」〈①子ども・②学ぶことに従事する者・③余暇を過ごす者・④市民や国民・⑤労働者・⑥家庭人（配偶者、親、兄弟姉妹など）・⑦その他（病人、年金受給者など）〉の２軸から個人の現在の役割を認識し、今後の自分のキャリアを考えるヒントを与えてくれています。

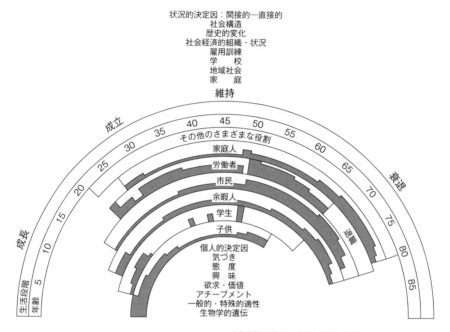

（出所）渡辺三枝子著『新版キャリアの心理学』

　この図が素晴らしい点は、７つの役割の比重を表した凸凹がありますが、30歳、40歳の半ばや50歳に学ぶ人の役割が大きくなるという生涯学習の考え方が示されていたり、さまざまな役割の中の１つが「はたらくこと」であったり、退職も65歳になっていて先の将来を見据えているなど、「個人の人生の在り方」や「個人の大切にするべき価値観」を示していることです。皆さんは、現在どのような役割をお持ちですか？

　学校では「学生」、親からすれば「子ども」、バイト先やサークルでは「先輩」や「後輩」、あるいはボランティア活動の「リーダー」などさまざまな役割をお持ちだと思います。これからの長い人生では、親になったり、上司や部下、恋人から夫や妻という役割を担うことになります。

```
┌─────────────────────────────────────────────────────────────┐
│                                                               │
│  Question 7                                                   │
│  皆さんは、現在どのような役割をお持ちですか？また、その役割に対してどれ  │
│  くらいの力・時間を費やしていますか？                            │
│                                                               │
│     役割①                          役割④                      │
│  ◆_____        ◆_____     │
│  費やしている力・時間    ％      費やしている力・時間    ％      │
│     役割②                          役割⑤                      │
│  ◆_____        ◆_____     │
│  費やしている力・時間    ％      費やしている力・時間    ％      │
│     役割③                          役割⑥                      │
│  ◆_____        ◆_____     │
│  費やしている力・時間    ％      費やしている力・時間    ％      │
│                                                               │
└─────────────────────────────────────────────────────────────┘
```

　第2章のキャリアの定義でも述べましたが、スーパーは、「キャリアとは人生の年齢や場面のさまざまな役割（ライフ・ロール）の組み合わせである」としました。年齢によってさまざまな役割が変わり、どの役割に力を注ぐかも人それぞれです。最近の言葉で言うと、仕事と生活の調和を表す「ワーク・ライフ・バランス（Work-Life Balance）」が思い浮かぶかもしれません。内閣府男女共同参画会議のワーク・ライフ・バランスの定義は、「老若男女誰もが、仕事、家庭生活、地域生活、個人の自己啓発など、さまざまな活動について、**自ら希望するバランスで展開できる状態**」であるとされています。皆さんはまだ学生という役割が大半を占めていると思いますが、社会に出ると労働者という役割が大きくのしかかってきます。人それぞれ「何のために働くのか」の考え方は違っても、時間という軸で考えると、22歳で社会に出て65歳まで働くとしてざっと77,400時間、日にちに直すと3,225日、働くことになるのです。仕事ですから責任が伴い、「やらなければいけないこと」や「やりたいこと」がどんどん増えていくと思いますが、その半面、自分の仕事以外の「やりたいこと」「やるべきこと」を犠牲にするのではなく、どうやって両方をバランスよく実現できるかを考えることが大切なのです。皆さんにとって、忘れてはいけない大切なことは何でしょうか？　忙しさにかまけて、大切なことに力を注ぐことを忘れてはいませんか？

一度立ち止まって自分のキャリアを振り返った時に、自分の役割とバランスを考えてみることもオススメします。

　人生について考える際に最も大きく影響してくるのが「働く」ということです。先ほど少し触れた「アンカー」とは、船を港に留めておくために海底に沈める錨（いかり）のことで、キャリア・アンカーは働く際に譲れない仕事の拠り所であったり、価値観だったりという意味です。さて、皆さんがこれから社会に出て、働くにあたって譲れないものは何ですか？

Question 8
職業選択の際に譲れないものは何ですか？　下の項目から考えてみましょう。

1位 _____

2位 _____

3位 _____

給料	勤務地
出世	休み
会社の雰囲気	勤務時間
やりがい	専門性
ローカルorグローバル	会社の規模
創業年数	ほどほど

第4章 「社会が求めていること」を考える

4-1 「社会人基礎力」って、何?

　いつ頃からでしょうか、本屋さんに行けば店頭に「○○力」とか、「世界一わかりやすい○○」、「よくわかる○○」、「○○入門」という多くの本が並べられるようになったのは。後ほど触れますが、バブル経済が崩壊した後、多くの企業がおざなりにしてしまったのが、「人材育成」です。長い時間をかけて教えて育てるよりも、現在では、「即戦力」という言葉が象徴するように、学生時代に社会で必要な力や専門知識を事前に備えてから社会に出ることが望まれるようになってしまいました。日本でキャリア教育が導入された2000年代、各省庁もこぞって「○○力」を世に送り出し始めました。

　厚生労働省は2004年から始めたYES-プログラム（Youth Employability Support Program）において、「就職基礎能力」という表現を用い、①コミュニケーション能力（意志疎通、協調性、自己表現力）、②職業人意識（責任感・向上心・探究心・職業意識・勤労観）、③ビジネス文書の作成、読解（基本的な文書作成力・読解力）、④計算・計数・数学的思考（四則計算・論理的思考）、⑤社会人常識・一般教養的知識、時事問題の把握）、⑥ビジネスマナー（基本的なマナー）の能力の必要性を掲げました（Yes-プログラムは2009年度末で事業廃止）。また経済産業省は2006年に「社会人基礎力」という表現で、①前に踏み出す力（主体性、働きかけ力、実行力）、②考え抜く力（課題発見力、計画力、創造力）、③チームで働く力（発信力、傾聴力、柔軟性、情況把握力、規律性、ストレスコントロール力）といった能力を磨くことを推奨しました。このほかにも中央教育審議会（文部科学省の諮問機関）の学士力など、「○○力」のオンパレードとなりました。確かに社会において、全て必要な力だと思いますし、求められる背景は十二分に理解できます。しかし、全てを身に付けたスーパーマンのような人材にいまだかつてお会いしたことはありませんし、大学がキャリア教育をはき違えキャリア教育＝就職支援、就活スキルの向上（内定を得るための演技力養成講座）であると勘違いしてしまった元凶であるのかもしれません。

　しかし、全てを習得する必要はないにせよ、自分は「これは大丈夫」というものを学生時代に身につけていれば、社会に出てからも、必ずその力は武器となり、それを発揮する機会も増え、周囲から頼られることになります。自分の武器を身につけるた

めにも、私が最も学生時代で大切だと思うのは、社会人基礎力でいう「前に（一歩）踏み出す力」です。

◆社会人基礎力（経済産業省）

＜３つの能力／12の能力要素＞

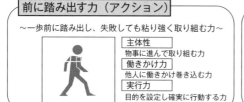

前に踏み出す力（アクション）

～一歩前に踏み出し、失敗しても粘り強く取り組む力～

主体性
物事に進んで取り組む力
働きかけ力
他人に働きかけ巻き込む力
実行力
目的を設定し確実に行動する力

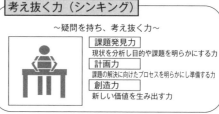

考え抜く力（シンキング）

～疑問を持ち、考え抜く力～

課題発見力
現状を分析し目的や課題を明らかにする力
計画力
課題の解決に向けたプロセスを明らかにし準備する力
創造力
新しい価値を生み出す力

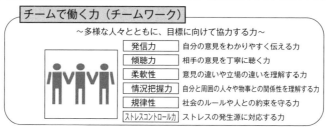

チームで働く力（チームワーク）

～多様な人々とともに、目標に向けて協力する力～

発信力	自分の意見をわかりやすく伝える力
傾聴力	相手の意見を丁寧に聴く力
柔軟性	意見の違いや立場の違いを理解する力
情況把握力	自分と周囲の人々や物事との関係性を理解する力
規律性	社会のルールや人との約束を守る力
ストレスコントロール力	ストレスの発生源に対応する力

第２章でも紹介したスガシカオさんの「Progress」という曲に、次の歌詞があります。

『世界中にあふれているため息と
　　君とぼくの甘酸っぱい挫折に捧ぐ…
　　　　"あと一歩だけ、前に進もう"』

（出所）スガシカオ『progress』

第３章で皆さんには自分の役割について考えていただきましたが、ぜひ覚えていてほしいのは、すべての役割の中で皆さんは役に立っているということです。何かをする際に、「親のせい」「学校のせい」「会社のせい」「社会のせい」など自分を取り巻く環境のせいにするのは簡単です。

人は誰しも、傷つきたくないし失敗したくもないと思います。しかし、生きていくということは、誰しも傷つきながら生きているということを忘れないでください。皆失敗してくじけながら、「未来」に向かって一歩ずつ生きているのです。ぜひ失敗を恐れないで、学生時代は多くの体験をしてみてください。変えられるものは何だった

でしょうか？　それは、皆さん自身における「行動」と「思考」です。まずは、失敗を恐れずに、『あと一歩だけ、前に進んでみましょう』。

　普段は、あまりリーダー的な役割を避けている方はぜひリーダー役に挑戦してみたり、普段あまり意見を言えない方は勇気を持って手を挙げて、どんなことでもいいので自分の意見を発言してみたり、普段話してばかりの人は他の人の話をよく聴くようにしてみたり、インドア派で外に出るのが億劫な人は晴れた日には皆でスポーツなどをしてみてください。最初は、うまくいかないことばかりだと思いますが、小さな失敗体験を繰り返すことが必ず「成功体験」と「自信」につながっていきます。失敗経験をすると、他責にしてしまう人がいる一方、「自分」を責めてしまう人がいると思います。「自分が悪い」「自分の努力が足りない」「全ては自分に責任がある」と、失敗の原因を自分に求めてしまう。そんな時は、ぜひ勇気をもってまわりに助けを求めてください。まずは、勇気を持って一歩踏み出してみることです。

　今の世の中は「スピード」と「効率」の時代と言われています。成果主義という名の即戦力志向、個人主義重視を過度に求めた時代の流れの中、何かをする際「スピード」を求めたら、個人でやった方が早いと考える人が増えてきました。いろいろな手順や進め方を考えたら、他の人に説明する時間があるのなら、自分でやってしまった方が早いかもしれませんし、説明するのも面倒と思ってしまうかもしれません。勇気を持って踏み出したにも関わらずこんな気持ちを抱いてしまったら、次の言葉を思いだしてください。

　この言葉は、アフリカの諺で私の好きな言葉です。

> 「速く歩きたければ、１人で歩け。
> 　遠くまで歩きたければ、だれかと一緒に歩け。」
>
> （出所）アダム・カヘン『未来を変えるためにほんとうに必要なこと』

　皆さんが育った環境を少し考えてみましょう。皆さんのご自宅は一軒家ですか、それともマンションですか？　兄弟はいますか？　１人っ子ですか？　小中学校の頃どんな遊びをしていましたか？

　私が子どものころ育った環境は、まだ土地もそんなに高くなく郊外に一軒家を建てることがお父さんたちの夢であり、子どもも２人か３人の兄弟姉妹の家族が多く、遊びといえば野球やサッカー、ドッチボールやケイドロ（鬼ごっこの一種）だったりしました。家にもテレビは一台（ビデオもありませんでした）、当時は携帯もありませ

んでしたので、固定電話が一台という環境で育ちました。何かをする際には、誰かと一緒に行動したり、観たいテレビ番組も観ることができなかったり、電話したい時も家族の中で順番待ちでしたし、時にはお隣のおじさんに叱られることだってありました。世の中が便利になればなるほど、個人で行動することが当たり前になり、時間の感覚も薄れてしまったように感じます。多くの方がマンションに住むようになってからは、お隣の方の名前と顔も知らないことだって日常茶飯事です。環境が大きく変化しているのですから、仕方ないといえば仕方ないのかもしれませんが、何か大切なものを失ってしまったのかもしれません。

　平成19年2月の文部科学省初等中等教育局児童生徒課生徒指導室の「子どもを守り育てる体制づくりのための有識者会議」において次の提言がありました。

> 社会全体で子どもを育て守るためには、親でも教師でもない第三者と子どもの新しい関係＝「ナナメの関係」をつくることが大切である。地域社会と協同し、学校内外で子どもが多くの大人と接する機会を増やすことが重要である。

　アメリカの社会学者であるマーク・グラノヴェッター（Mark Granovetter）は、ウィークタイズ（weak ties）という説を唱えました。ウィークは「弱い」、タイズとは「つながり」や「絆」という意味で、自分と違う環境にある人とのたまに会う程度の「ゆるいつながり」のことを指しています。個人が発展していく（転職など）際には、強いつながり（strong ties）である家族や友人関係よりはるかに重要になると唱えたのです。普段近くにいる人は、意外にも自分と同じ情報や判断材料しか持っておらず、遠くにいてたまに会うくらいのゆるいつながりの人ほど、自分と異なる経験や価値観を持っていて、自分では気づかない情報を持っていることが多いのだそうです（詳細は、参考文献の『仕事の中の曖昧な不安』を参照）。

　グラノヴェッターは転職というイベントを想定して唱えましたが、これからの時代は、考え方や価値観が違い全く違った経験をしている年齢も異なる、たまにしか会うことのない「ゆるいつながり」の方が、皆さんのキャリアに大きな影響を与えると思います。ぜひ同世代の仲良しグループ以外に、世代や環境の越えたゆるいつながりをつくってみてはいかがでしょうか。

Coffee break

社会人基礎力

■前に踏み出す力（アクション）

自ら主体的にものごとに取り組み、行動し、失敗しても粘り強く取り組む力。

- **主体性**：物事に進んで取り組む力。指示を待つのではなく、自らやるべきことを見つけて積極的に取り組める。
- **働きかけ力**：他人に働きかけ、巻き込む力。メンバーに呼びかけ、目標に向かって、人々を動かせる力。
- **実行力**：目標を設定し、確実に行動する力。言われたことをやるだけではなく、自ら目標を設定し、失敗を恐れず、行動に移し、粘り強く取り組める。

■考え抜く力（シンキング）

問題・課題を発見し、問題解決に向けてその方法を考えることのできる力。

- **課題発見力**：現状を分析し、目的や課題を明らかにする力。
- **計画力**：課題に向けた課題プロセスを明らかにし、準備する力。
- **創造力**：新しい価値を生み出す力。既存の発想にとらわれず、課題に対して新しい解決法を考えられる。

■チームで働く力（チームワーク）

さまざまな人と一緒に目標に向かって協力し、チームで働く力。

- **発信力**：自分の意見を分かりやすく伝える力。自分の意見を分かりやすく整理したうえで、相手に理解してもらえるよう、的確に伝えることができる。
- **傾聴力**：相手の意見を丁寧に聞く力。相手の話しやすい環境を作り、適切なタイミングで質問するなどして相手の意見を引き出せる。
- **柔軟性**：意見の相違や立場の違いを理解する。
- **情況把握力**：自分と周囲の人々や物事との関係性を理解する力。チームで仕事をするとき、自分がどのような役割を果たせるか理解できる。
- **規律性**：社会のルールや人との約束を必ず守る。社会のルールにのっとり、自らの発言や行動を適切に律することができる。
- **ストレスコントロール力**：ストレス発生源に対応する力。

Question 1

皆さんは、社会人基礎力の能力の中でどの力に長けていますか？
また、どの力が劣っていると感じますか？

長けている力

理由

___

___

理由

___

___

劣っている力

理由

___

___

大学時代にどの力を身につけたいですか？　どのように身につけるか具体的に記入してください。

▌ 4-2 「成果主義」って、何？

　前出のアベグレンが提唱した日本的経営の強さの源泉である三種の神器（①終身雇用（長期雇用）、②年功序列型賃金制度、③企業別労働組合）が崩れかける原因となったのは、「成果主義」という名の即戦力思考、個人主義重視を過度に求めた背景があります。

　確かに今の時代何をするにも、1人で何かをする時間の方が多いかもしれませんし、1人の方が気持ちも楽かもしれませんし、気兼ねなく集中できるなどの利点もあるかもしれません。しかし、高い目標をクリアするのはなかなか難しいと思います。喜びや苦しみを分かち合いながら何かに向かってみんなで頑張る「絆」、「連帯感」、「チームワーク」が薄れてきてしまったのは、この「成果主義」が原因かもしれません。日本的雇用のシステムの特徴として、新卒社員に対しては、学生時代に社会で必要な力や専門知識、職業的能力や技能を備えるように準備することが求められなかったということもあります。

　企業は終身雇用という長期的なスパンの中で、人材を長期的に育成することを前提に、年齢や勤続年数といった要素を基準とした年功序列型の右肩上がりの賃金カーブ（将来の昇給や昇格）を約束し、休暇には福利厚生制度を利用して宿泊施設で休養し家族サービスをすることで、従業員の会社に対する忠誠心や愛社精神を培ってきたのです。高度成長期時代においては、頑張れば頑張るほど企業の業績も向上し、給料もボーナスも右肩上がりに上がる分、従業員は会社のために多くの力を注いできたのです。欧米諸国から見れば、この定期昇給制度は不思議であり奇妙に思えたことでしょう。アベグレンの発見で、日本の経営の強さが明らかにされたといっても、欧米諸国においては、賃金はそれぞれの仕事（job）についており、その仕事を遂行する知識や、キャリア（経験）、能力に対して支払われるものであり、キャリアのつくり方も横へ横へと移行することが当たり前なのです。日本の場合は、賃金は仕事ではなく、人についているものが多く、キャリアのつくり方も縦へ縦へと移行していくのが大半でした。就職をし、1つの企業で定年まで勤め上げることが前提であれば、企業側も本人のキャリアをどのように形成していくかを長期的に見据え、配置転換や異動という形で、さまざまな職種に適応できるゼネラリストを育成してきたのです。

　しかし、バブル経済が崩壊した1990年代以降、多くの企業が取り入れたのが『成果主義』という年功制を否定した賃金制度です。企業が将来にわたって永続的に事業を継続する前提をゴーイングコンサーン（going concern＝会社、企業、事業が現在継

続中の意）といいます。利益追求だけが企業の目的ではありませんが、企業自体利益が出せなければ、従業員の給料も税金も、将来に向けた事業投資もすることができません。バブルが崩壊したと同時に、企業は生き残りをかけた苦肉の策として、まず行ったのが「ムリ、ムダ、ムラ」の排除です。「リストラ」という言葉を聞いたことがあると思いますが、そもそもの意味はリストラクチャリング（restructuring）という企業が収益構造の改善を図るための「事業の再構築」を指しています。現在では不採算部門の縮小であったり人員削減を想像する方も多いかもしれませんが、これは本来の意味と大きくかけ離れていて、不要なものを切り捨てる、たとえば使用していない遊休資産の売却だったり、電気代・電話代・文具代などの削減、業務の効率化などが主なものでした。しかし、この成果主義が象徴するように、ついには聖域と考えられていた「ひと」のリストラクチャリングまで企業は手を出してしまったのです。

　そもそも『成果主義』は1990年代に、バブル経済の崩壊とグローバル化の波を背景に売上が上がらず利益も出ない中、原資を確保するために、ベビーブーム世代の中高年層の高い賃金を引き下げる手段として導入した企業も多かったと思います。本来であれば、能力があり成果を出している人であれば、年齢も経歴も関係なく正当な評価をし、チャンスを与えようというものです。今では多くの企業でも見受けられますが、自分より年上であり、なおかつ自分の元上司が自分の部下になることだってあり得るのです。

　次の図を見てください。

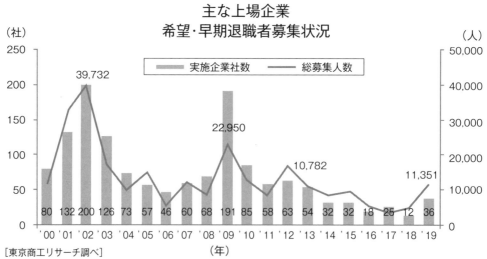

[東京商工リサーチ調べ]
※募集人数で募集枠を設けていないケースは応募人数をカウントした。2019年は11月29日現在
※資料は「会社情報に関する適時開示資料」などに基づく

出所：東京商工リサーチ

Question 2
希望・早期退職者の募集実施推移を見て感じたことを記入してみましょう。

◆

◆

　この図は、主な上場企業が実施した希望・早期退職者の募集人数です。欧米諸国の企業であれば、景気が悪化すれば従業員を解雇（レイオフ：一時的な解雇）して人件費コストを下げることは可能ですが、日本の企業は長期雇用を前提としているので景気の良し悪しで簡単に人員を調整することができにくいシステムになっています。しかし、退職勧奨という「辞めてほしい」「辞めてくれないか」などと自発的な退職を勧めたり、希望・早期退職のように本人の意志で退職をするということは可能です。早く辞めてもらった分、退職金に相当な上乗せ分のお金を支払うことによって短期的にはマイナスでも長期的にはプラスになるという考えのもと、希望を募ったのです。2002年には4万人近くの募集があり、一時落ち着いたものの前年に起こったリーマンショックの影響も受け、2009年には再び2万3000人近くの募集がありました。日本では、解雇については、30日前に解雇予告をしなければなりませんし、整理解雇が有効かどうかは、以下のような事情に照らして判断されます。

①人員削減の必要性（経営上本当に必要なのか）
②解雇回避の努力（解雇を避ける努力をしたか）
③人選の合理性（選定基準は合理性があるか）
④解雇手続きの妥当性（事前に十分に事情を説明したか）

　1990年代は企業の業績が悪化して早期退職の対象者は給与の高い中高年や管理職でしたが、2000年に入り年齢や職種、役職を問わず全従業員が対象となり、2010年には大規模な整理解雇が実施され、2012年には普通解雇や退職勧奨が多く実施されるようになりました。

現在の皆さんが置かれている状況は、理解いただけたでしょうか？　さて、次に三大雇用慣行の長所と短所を考えてみましょう。

① 終身雇用制（長期雇用）…定年までの長期雇用を前提とした雇用形態

　メリット：雇用が安定し、長期的に従業員を育成でき、企業への忠誠心、帰属意識や愛社精神も高まる。

　デメリット：不況の際の雇用調整が難しく、ポスト不足などから若年者の労働意欲が低下する恐れがある。

② 年功序列型賃金制度…年齢や勤続年数によって賃金を決定すること

　メリット：ある程度将来の予測ができることで生活が安定する。

　デメリット：中高年齢の人件費がかさむ。

③ 企業別労働組合…企業や事業所別に組織される労働組合

　メリット：企業の利益や経営に応じた労働条件の改善が可能。

　デメリット：不況になると改善がしづらく、交渉力が弱まる。

Question 3

成果主義のメリット、デメリットを記入してみましょう。

メリット
・
・

デメリット
・
・

　若い方にとっては、成果主義の方が妥当性もあり、モチベーションの向上にもつながると感じる人は多いと思います。しかし、成果主義を導入したことで個人主義が横行し、自分の成果を上げるために後輩の面倒を見る余裕がなく、プレイングマネージャーという言葉通り上司も余裕がなくなったり、職場の雰囲気が悪化したり、評価基準が曖昧なため自ら高い目標を掲げることをしなくなったり、短期的な成果を求めるようになったり、情報の共有がなされなくなったり、知識・技術継承が進まなかったりという弊害が起きていることも事実なのです。しかしこれらの問題に対して、企業も21世紀に入ってから、忠誠心やモチベーションの向上、業績・評価の納得性などの視点から成果主義人事制度を見直すようになってきています。

4-3　エンプロイアビリティと資格

　第1章で説明したように、90年代にバブル経済が崩壊した後、企業はこぞって非正規雇用の比率を増やしてきました。それまでは、何色にも染まっていない白いキャンパス地のような学生を、企業内教育、職場外教育（Off-the Job Training）と職場内教育訓練のOJT（On the Job Training）によって長い時間をかけて自社色に染めていくことが当たり前でした。しかし、景気が悪くなったと同時に叫ばれたのが、「効率」と「スピード」というキーワードでした。「ムリ」「ムダ」「ムラ」の排除が大原則で、ムダな会議やムダな書類、ムダな残業など大幅に業務改善をすることによって、少しでも厳しい環境を乗り越えることに躍起になったのです。当然といえば当然のことをしたのですが、前述の通りいよいよ「ひと」にまで手を出してしまったのです。

　経済産業省や厚生労働省が、社会人基礎力や就職基礎能力などを掲げ若者の能力向上に向けた施策を出した背景には、前述の1995年に日経連が「新時代の『日本的経営』−挑戦すべき方向とその具体策−」の中で提示した3つの雇用形態があり、その頃から叫ばれ始めたのがエンプロイアビリティ（employability）というemploy（雇用する）とability（能力、才能）という造語です。日本語に訳すと、雇用され得るための能力となります。

　以下が3つの雇用グループの特徴になります。（出所：日経連1995より筆者作成）

	長期蓄積能力活用型グループ	高度専門能力活用型グループ	雇用柔軟型グループ
雇用形態	期間の定めのない雇用契約	有期雇用契約	有期雇用契約
対象	管理職・総合職・技能部門の基幹職	専門部門（企画、営業、開発など）	一般職・技能部門・販売部門
賃金	月給制か年俸制、職能給、昇給制度	年俸制、業績給、昇給なし	時間給制、職務給、昇給なし
賞与	定率＋業績、スライド制	成果配分	定率
退職金・年金	ポイント制	なし	なし
昇進・昇格	役職昇進、職能資格昇格	業績評価	上位職務への転換
福祉施策	生涯総合施策	生活援護施策	生活援護施策

経済界は、企業を取り巻く経営環境の変化に対応できる柔軟かつ多様な雇用管理制度ということで「雇用ポートフォリオ」という考え方を推奨し、企業は労働者を3つのグループに分けて労働力の「弾力化」「流動化」を進めて、総人件費を節約することによって「低コスト」化を図ったのです。長期蓄積能力活用型グループが正規雇用（＝正社員）でありフルタイム（常勤）で従事する期間の定めのない無期雇用（いわゆる終身雇用）です。高度専門能力活用型グループと雇用柔軟型グループが期間を定めた短期の有期雇用であり、非正規雇用（契約社員、パート、アルバイト、派遣社員、フリーターなど）となります。正規雇用（正社員）においても多様な働き方があり、総合職は基幹的業務を担い、転勤や異動を伴いますが、一般職は補助的な業務を担い、転居を伴う異動はありません。最近では、一般職の採用が減り、エリア総合職（基幹的業務を担うが転居を伴う異動はない分、給与は低めになる）や安倍政権が推進する限定正社員（ジョブ型正社員）という業務内容や地域が限定された正社員という働き方も打ち出されています。限定正社員は非正規社員の正社員化を促進することが目的で、社会保険への加入ができ、職務や勤務地を限定するので転勤や異動はなく、正規社員よりもやや低いものの賃金も保証されます。しかし、業務の縮小や工場などが閉鎖した際に賃金が仕事（job）についているので解雇される可能性もあります。

　企業は、さまざまな雇用形態を用意し、企業努力によって業務改善によりコストを削減したり、希望退職を募ったりと事業の再構築を目指した中で、「即戦力」「正規社員の厳選採用」という最初から使える人材の採用を目指し、長期的なスパンでの人材育成を怠ってしまいました。学生に対してもどんな企業や働き方でも通用するエンプロイアビリティを、学生の間に努力して獲得していくことが求められるようになってしまったのです。「即戦力」というのは裏を返せば、「企業では時間をかけてゆっくりと教育ができないから、その前にできるようになってきてくださいね」ということです。

　第3章でやっていただいた働く際の譲れないものを思い出してください。皆さんは何が譲れないものでしたか？　新卒採用の場合には、「何ができるか」よりも、「何がしたいのか」や「学生時代に何を頑張ってきたのか」などが重要視されますが、今後、転職など横に移行するキャリアの積み方であれば、「どんな経験を積んできたのか」、「何ができるのか」が最も大切になってきます。働き方もさまざまになっていますが、横にキャリアを移行する際、「できること」を証明できることの1つが資格です。資格はただ単に取得することが目的ではなく、何のためにその資格が必要かを考えてから、自分の武器になるものを、時間とお金を考えながら計画を立てなければなりません。

難易度の高い医者や弁護士、会計士や公務員などは時間もかかりますし、なかなか簡単に取得できるものでもありません。ある程度自分の将来が見据えることができれば、その資格の取得に向かって真っすぐに頑張るしかありませんが、大半の方はまだ今後の将来については、まだまだ見えてこない方も多いと思います。

　その職業になるために必ず必要な資格がある前述の例を除けば、資格を取得したことに対する努力は認めてもらえたりしたとしても、転職の際には資格よりも実務経験の方が重要視されます。資格をやみくもに取得することが目的ではなく、やりたい仕事や職種にはどんな資格を持っていたほうがよいのか、その職業に必ず必要になる知識やスキルは何かを調べることが大切だと思います。

　就職に有利な資格はありませんが、将来の仕事を考えて、時間がある大学生の間に、どんな資格があるのか、年に何回試験があるのか、どの位の勉強時間が必要なのかを調べてみたり、チャレンジすることが大切です。簡単に取得できる資格より、少し壁が高くて、相当頑張らないと取得できない資格に挑戦することもいいかもしれません。失敗しても、大学時代であれば年1回の試験であれば、最低4回挑戦することができますが、社会に出ると、なかなか個人で勉強する時間を取ることは難しくなり、限られた隙間の時間（通勤電車の中や休憩時間、就業前や就業後など）を利用して勉強し、最短で取得することが求められてしまいます。失敗しても許されるのが、学生という期間です。まずは、将来の仕事のこと、時間、費用、日程などを調べることから始めてみましょう。資格はその人のできることを「証明」するものですが、できることのレベルが高ければ高いほど、難易度は高くなりますし、時間も要することになります。

　社会人の方とお話すると多くの方がおっしゃるのが、「大学のときにもっと勉強しておけばよかった」、「大学でもう一回勉強したい」、「もっと知りたい、勉強したい」という言葉です。皆さんは、学べる環境にあることを忘れないでください。

Question 4

◆今現在興味のある職業に必要な資格は何でしょうか？

◆費用、日程、勉強時間について調べてみましょう。

第5章 「職業」を考える

5-1 適職と天職

Question1

将来子どもが生まれたとして、自分の子どもになって欲しい職業と理由を書いてみましょう。

　　職業名　　　　　　　　　　　理由

◆

_____　_____

◆

_____　_____

◆

_____　_____

＊同様にご両親にも、皆さんになって欲しい職業とその理由を聞いてみましょう。

　最近学生の方とお話すると、「やりたいことがわからない」という方が多くいらっしゃいます。実は、若い人だけでなく、すでに働いている人でも明確に「やりたいこと」や「目標」についての答えを持っていない人の方が多くいると思います。

　自分の本当にやりたいことは、一生をかけて探し続けるものなのかもしれませんし、探し続けることをあきらめないことが、本当にやりたいことに出会う確率は高いのかもしれません。「適職」とか「向いている仕事」というものは、自分で決めるものではなく、働いているうちに、「もしかしたらこの仕事は向いてるかも」と周りの方が判断してくれたりするものです。将来の子どもについての職業を考える際に、「この職業には就いて欲しくない」職業はありましたか？　ご両親にも、「なって欲しくない職業」についても聞いてみてください。逆に考えると、「向かない仕事」はあると思いますが、早い段階で自分がやりたいことを見つけなければいけないということでは、決してありません。キャリアもそうですが、「ゆっくり」、「焦らず」、「他人と比較しないで」、探し続けていけばいいと思います。そのためには、世の中にあるさまざまな職業や仕事の種類をたくさん知ること、自分が興味のある職業だけではなく、「知らないことを知ること」が大切だと思います。

「好きなことは「探して見つける」ものではなく、「出会う」ものなのです。そして「出会う」ためには、「どこかに自分が好きなことがきっとあるはずだ」、「将来的に、自分に向いている仕事はきっとあるはずだ」と心のどこかで強く思う必要があります。そして、いろいろなことに興味を持つほうが、出会う確率は大きくなります。」

（出所）村上龍『新13歳のハローワーク』

　目の前に木の机があるとして、この木の机に携わる仕事を考えてみましょう。
木を切る→木を輸入する→木を運ぶ（船員）→荷物を検査する→木を運ぶ（運送）、木を買うためのお金を貸す→机のデザイン設計をする→材料を管理する→机のネジを作る→金具を作る→木を研磨する→デザイン通りに木を切る→机を組み立てる→梱包する資材を作る→梱包する→販売店と交渉する→価格を決める→販売戦略を考える→宣伝する→展示する、販売・営業する→修理・アフターケアをする→リサイクル品を扱う→恵まれない人に提供する、など。

　たった1つの机を作るにしても、たくさんの人の手によって作られていることをご理解いただけましたか？　皆さんは、この工程の中で、どの工程に興味を持たれましたか？　この後のセクションで、業界、職業、職種などに触れますが、同じ企業内で一連の工程を網羅する企業もあれば、1つの工程のみを行っている企業もあります。自分が、何に興味を持っているのか、逆にどの部分の仕事はしたくないかを、いろいろな物ができる工程を考えて、想像してみましょう。

　アメリカの心理学者であるジョン・ホランド（John L. Holland）は、個人（パーソナリティ）と環境を6種類に分類し、職業選択やキャリア行動を解釈できるVPI職業興味検査（Vocational Preference Inventory）という進路選択支援ツールを開発しました。

　六角形モデルとして有名ですが、ホランドは大多数の人が6つのパーソナリティのうちの1つに分類できるという仮説のもと、6つの頭文字を取って「RIASECモデル」を開発したのです。

さて皆さんは直感的に、自分はどのタイプだと思いますか？

① Realistic（現実的興味領域）：

機械や物、道具などを扱うことを好み、電気・建築・料理・整備・修理・測量などに関心がある

② Investigative（研究的興味領域）：

観察、研究や調査、分析などを好み、好奇心が強く、1人で観察したり分析したり研究することに関心がある

③ Artistic（芸術的興味領域）：

創造的で感受性が高く、自分の豊かな発想力や才能を活かせることを好み、音楽、美術、文芸、演劇などの芸術に関心がある

④ Social（社会的興味領域）：

人に接する際の対人関係を大切にし、人と関わることを好み、奉仕したり、援助したり、教えたり助けたりすることに関心がある

⑤ Enterprising（企業的興味領域）：

組織において目標を達成したり、利益（お金）を追求することを目的としたことを好み、人の管理や販売・営業、企画や経営などに関心がある

⑥ Conventional（慣習的興味領域）：

データを扱うことが好きで、定型的な事務処理や規則に従って行動することを好み、決められたことをこつこつとこなすことに関心がある

Question 2

さて皆さんは直感的に、自分はどのタイプだと思いますか？　順番に3つ選んでください。

① _____ _____ タイプ

② _____ タイプ

③ _____ タイプ

皆さんの関心から見れば、「モノをつくる」、「事象を調べる」、「カタチのないものを創る」、「ヒトに関わる」、「お金を扱う」、「情報に関わる」などになるかもしれませんが、大きくは「ヒト」「モノ」「カネ」「ジョウホウ」に関わる仕事が多く、その関わる分野によって業界があり、職種があるのです。

自分のタイプから興味が持てるであろう職業は以下の通りです。順番に照らし合わせてみましょう。

R（現実的）タイプ	電気・機械・などの技術者（エンジニア）、機械操縦（運転士）、建築士、整図者、消防士など
I（研究的）タイプ	科学者、研究者、医師、分析員、電気技師、コンピュータープログラマーなど
A（芸術的）タイプ	画家、俳優、コピーライター、デザイナー、作家、音楽家、編集者、演奏者、詩人など
S（社会的）タイプ	教師、事務職員、看護師、美容師、カウンセラー、飲食店主、販売員、ソーシャルワーカーなど
E（企業的、起業家的）タイプ	不動産、証券、車などのセールス、マーケットリサーチャー、経営者、客室乗務員、ホテル・レストランのマネージャーなど
C（慣習的）タイプ	秘書、経理、公認会計士、税理士、事務員、キーパンチャー、オペレーターなど

このVPI職業興味検査では、興味のある領域以外にも、どの位多くの職業に関心があるか、職業に対する見方の幅、地位や権力への関心度なども知ることができます。

次の図が示しているように、人はさまざまなものに興味を持っていて、優先順位は別としても1つのことだけに興味があるわけではなく、組み合わせることが大切なのです。また、年代によっても、周囲の環境や仕事の積み重ねによっても変化してくるものですし、「自分は何が好きなのか」という気持ちを忘れずに持っていれば、好きな仕事にも偶然に出会うことができるのかもしれません。学生時代は、勇気を出して、普段興味がない領域のアルバイトをしてみたり、異なった志向の人と話をして意見を交換してみたり、年代の違う方と触れ合ってみて、興味の幅を広げてみましょう。

◆ホランドの職業興味六角モデル

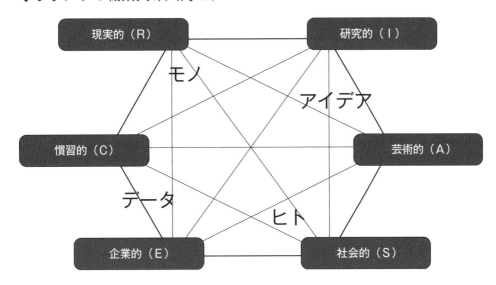

　さて適職と似た言葉で、「天職」という言葉があります。「天職」という言葉を新明解国語辞典で調べてみると、「（天から授けられた仕事の意。）自分の気質、能力にふさわしいものとして、その人が生きがいとしている職業」とあります。

　皆さんにとって、天から授けられた仕事って何でしょうか？　1年間で約20億円を稼ぎ出すイチロー選手は、野球選手になることはもともと天職だったのでしょうか。次の作文は、イチロー選手が小学校6年生の時に書いたものです。

【ボクの夢】

　「ぼくの夢は、一流のプロ野球選手になることです。そのためには、中学、高校で全国大会へ出て、活躍しなければなりません。活躍できるようになるには、練習が必要です。ぼくは、3歳の時から練習をはじめています。3歳から7歳までは半年くらいやっていましたが、3年生の時から今までは、365日中、360日は、はげしい練習をやっています。

　だから1週間中、友達と遊べる時間は、5〜6時間の間です。そんなに、練習をしているんだから、必ずプロ野球の選手になれると思います。そして、中学、高校でも活躍して高校を卒業してからプロに入団するつもりです。そしてその球団は中日ドラゴンズか、西武ライオンズが夢です。ドラフト入団でけいやく金は1億円以上が目標です。ぼくがじしんがあるのは、投手と打げきです。

　去年の夏、ぼくたちは全国大会へいきました。そしてほとんどの投手を見てきまし

たが、自分が大会ナンバーワン投手とかくしんできるほどです。

　打げきでは、県大会、4試合のうちに、ホームランを3本打ちました。そして全体を通した打りつは、5割8分3りんでした。このように、自分でもなっとくのいくせいせきでした。そして、ぼくたちは、1年間まけず知らずで野球ができました。だから、このちょうしでこれからもがんばります。

　そして、ぼくが一流の選手になって試合にでれるようになったら、お世話になった人に、招待券をくばって、おうえんしてもらうのも夢のひとつです。

　とにかく、一番大きな夢はプロ野球選手になることです。」

（出所）佐藤健『イチロー物語』

　イチロー選手は、小学校6年生の段階で、自分の夢に向かって並々ならぬ努力を積み重ねて自分の夢を実現しているのです。ある方の言葉ですが、「3つの職業のうち2つは天職で、あとの1つを選んでしまった場合は運が悪かっただけだ」とおっしゃっていました。自分がその仕事をしていく中で、やりがいを見つけたり自分に向いていると感じることができるようになったり、周囲の方に向いていると言ってもらったりする中で、目の前の仕事が天職になっていったりするものです。

　アメリカのポジティブ心理学の生みの親であるマーティン・セリグマン（Martin E. P. Seligman）は、「世界でひとつだけの幸せ」という本の中で以下の言葉を残しています。

> 「いずれの職業にも言えることで、肝心なのは、あなたに適した仕事を探すことではなく、今の仕事へのあなたの姿勢を見直し、あなたの仕事が自分に適していることに気づくことである。」
>
> （出所）マーティン・セリグマン『世界でひとつだけの幸せ』

　どんな仕事であれ、自分に合った仕事や天職となる仕事は、自分の考え方や日頃の姿勢によっていかようにでもなるというものです。とても素敵な言葉だと思いませんか。仕事だけではなく、普段の自分の役割を考えてみて、自分の居場所を探すのではなく、今いるその場所を自分の居場所となるように考えてみれば、世界は大きく変わっていくのではないでしょうか。

Work Sheet

◆あなたの親、兄弟姉妹、親戚、バイト先の方に、なぜ今の職業を選んだのか聞いてみましょう。

お名前	職業名	理由

◆また、仕事をしていて辛かった経験やこの仕事を選んでよかったと思うエピソードや、やりがいについて聞いてみましょう。

お名前	辛かった経験、エピソード、やりがいなど

Question 3

もしも、100人しかいない街に住んでいるとして、日中は必ず全員が働かなければならないとしたら、その街にはどんな職業が必要でしょうか？

思いつくままにできるだけ多く書いてみましょう。

例、医者、警察官、お肉屋さん、郵便屋さん、電気屋さん、農家、洋服屋さん、学校の先生、本屋さん、不動産屋さん、床屋さん、銀行屋さんなど

*周りの方と共有してみましょう。知らない仕事や気づかなかった職業はありませんでしたか？

◆あなたはどんな仕事をしますか？　５つ挙げてください。

①

②

③

④

⑤

◆逆にあなたのしたくない仕事と理由は何ですか。

仕事名　　　　　　　　　　　　　　　理由

_____　　_____

_____　　_____

_____　　_____

まず、皆さんが将来の仕事のことを考える際に選択することが3つあります。1つ目は「業界」、2つ目は「職種」、3つ目が「企業」です。業界とは、企業が社会の中で果たす役割＝業種ごとに企業をグループとしてひとくくりに捉えたものです。業種は産業と同じ意味であったり、さらに細かく分類された経済活動の分類の単位で、この分類の方法は非常に多くあります。まずは、代表的なものとして、イギリスの経済学者コーリン・クラークが示した3つの分類があります。

第一次産業…直接自然界に働きかけて直接的な生産物を取得する産業
　　　　　　農業、林業、水産業、牧畜業
第二次産業…第一次産業が生産した原材料を加工、生産する産業
　　　　　　鉱業、製造業、建設業、（電気・ガス・水道業…現在日本では第三次
　　　　　　産業に分類））
第三次産業…第一次産業、第二次産業以外の産業（広義のサービス業）
　　　　　　運輸業、情報通信業、小売業、金融業、および各種サービス業

　かなり大雑把な分類ですが、コーリン・クラークは1941年にこの産業分類を示したと同時に、17世紀にウィリアム・ペティが提示したペティの法則を定式化した「ペティ＝クラークの法則」を考案し、これからの産業構造はサービス化が進むことを示唆していたのです。

> ペティ＝クラークの法則
> 「経済社会・産業社会の発展につれて、第一次産業から第二次産業、
> 第二次産業から第三次産業に、就業人口の比率や国民所得に占める
> 比率の重点がシフトしていく」

　伝統的な経済活動別の分類では、大くくりに3つに分けていますが、現在一般的になっているのが「日本標準産業分類」による大分類20、中分類99、小分類529、細分類1,455になります。業界とは、一般に収益を上げる仕組み＝ビジネスモデル（モノを作る、モノを流通・販売・仲介する、お金を動かす、モノ以外のサービスを提供するなど）によって大まかに分類されますが、まずは、どんな業界があるのか、どんなビジネスモデルなのか、社会における位置づけはどうなのかなど大きな視点から見ること（木を見て森を見ずにならないこと）が大切です。まずは、どんな業界があるのかから調べてみましょう。

日本標準産業分類による大分類（平成19年11月改定）

A．農業 、林業	B．漁業
C．鉱業、採石業、砂利採取業	D．建設業
E．製造業	F．電気、ガス、供給業、水道業
G．情報通信業	H．運輸業 、郵便業
I．卸売業 、小売業	J．金融業 、保険業
K．不動産業、物品賃貸業	L．学術研究、専門・技術サービス業
M．宿泊業、飲食サービス業	N．生活関連サービス業、娯楽業
O．教育、学習支援業	P．医療、福祉
Q．複合サービス事業	R．サービス業（他に分類されないもの）
S．公務	T．分類不能の産業

日本標準産業分類による中分類（平成19年11月改定）

A	農業、林業	農業、林業
B	漁業	漁業、水産養殖業
C	鉱業、採石業、砂利採取業	鉱業、採石業、砂利採取業
D	建設業	総合工事業、職別工事業、設備工事業
E	製造業	食料品製造業、飲料・たばこ・飼料製造業、繊維工業、木材・木製品製造業、家具・装備品製造業、パルプ・紙・紙加工品製造業、印刷・同関連業、化学工業、石油製品・石炭製品製造業、プラスチック製品製造業、ゴム製品製造業、なめし革・同製品・毛皮製造業、窯業・土石製品製造業、鉄鋼業、非鉄金属製造業、金属製品製造業、汎用機械器具製造業、生産用機械器具製造業、業務用機械器具製造業、電子部品・デバイス・電子回路製造業、電気機械器具製造業、情報通信機械器具製造業、輸送用機械器具製造業
F	電気・ガス・供給業・水道業	電気業、ガス業、熱供給業、水道業
G	情報通信業	通信業、放送業、情報サービス業、インターネット附随サービス業、映像・音声・文字情報制作業
H	運輸業、郵便業	鉄道業、道路旅客運送業、道路貨物運送業、水運業、航空運輸業、倉庫業、運輸に附帯するサービス業、郵便業
I	卸売業、小売業	各種商品卸売業、繊維・衣服等卸売業、飲食料品卸売業、建築材料・鉱物・金属材料等卸売業、機械器具卸売業、その他の卸売業、各種商品小売業、繊維・衣服・身の回り品小売業、飲食料品小売業、機械器具小売業、その他の小売業、無店舗小売業
J	金融業、保険業	銀行業、協同組織金融業、賃金業・クレジット業等非預金信用機関、金融商品取引業・商品先物取引業、補助的金融業等、保険業
K	不動産業、物品賃貸業	不動産取引業、不動産賃貸業・管理業、物品賃貸業
L	学術研究、 専門・技術サービス業	学術・開発研究機関、専門サービス業、広告業、技術サービス業

M	宿泊業、飲食サービス業	宿泊業、飲食店、持ち帰り・配達飲食サービス業
N	生活関連サービス業、娯楽業	洗濯・理容・美容・浴場業、その他の生活関連サービス業、娯楽業
O	教育、学習支援業	学校教育、その他の教育・学習支援業
P	医療、福祉	医療業、保険衛生、社会保険・社会福祉・介護事業
Q	複合サービス業	郵便局、協同組合
R	サービス業 （他に分類されないもの）	廃棄物処理業、自動車整備業、機械等修理業、職業紹介・労働者派遣業、その他の事業サービス業、政治・経済・文化団体、宗教、その他のサービス業、外国公務
S	公務	国家公務、地方公務
T	分類不能の産業	分類不能の産業

　業界分析に役立つのがSWOT分析とPEST分析というフレームワークです。アルバート・ハンフリー（Albert Humphrey）が開発したSOFT分析（S=Satisfactory、O=Opportunity、F=Fault、T=Threat）が原型でその後、ケネス・アンドルーズ（Kenneth Andrews）やヘンリー・ミンツバーグ（Henry Mintzberg）がFをWに変更してSWOT分析が生まれたとされています。SWOT分析は、内部環境（組織）要因である自社のポジティブな要素を「強み（Strengths）」、ネガティブな要素を「弱み（Weaknesses）」、外部環境要因でポジティブな要素を「機会（Opportunities）」、ネガティブな要素を「脅威（Threats）」に整理して、企業の戦略をプランニングする際に使われる分析ツールです。また、マクロ環境（業界や企業に最も影響を与える外部環境要因）を分析するのに便利なのがPEST分析というフレームワークです。

　SWOT分析は、内部環境要因と外部環境要因を整理するためだけのフレームワークですが、SWOT分析で抽出した機会、脅威と強み、弱みを掛け合わせることによって戦略を考えることが大切です（興味がある方は、戦略まで考えてみてください）。

　　機会　×　強み　「積極攻勢」：強みをぶつけ、事業の強化や拡大を狙う
　　機会　×　弱み　「弱点強化」：弱みを克服して、機会をうまくとらえる
　　脅威　×　強み　「差別化」：強みを活かして、脅威を機会に変える
　　脅威　×　弱み　「防衛/撤退」：最悪の事態にならないように手を打っておく

補足：PEST分析

P（Politics）……… 政治（業界、企業を取り巻く法律・政治の動き）

例：扶養手当の廃止、政権交代、高年齢者雇用安定法改正、消費税増税、TPPなど

E（Economics）… 経済（日本・世界経済の動き、家計の動き）

例：GDP成長率、失業率、所得の減少、株価、アベノミクス、円高・円安など

S（Society）……… 社会（人口動態、文化、トレンド、教育、価値観など）

例：少子高齢化、東京五輪、大学全入時代、プチぜいたく、若者の車離れ、ニートなど

T（Technology）… 技術（技術革新）

例：新技術の開発、技術開発投資、ネット社会・スマホの普及、オムニチャネルなど

Question 4

日本標準産業分類を見て、興味、関心のある業界についてPEST分析とSWOT分析で調べてみましょう。

◆Politics（政治）

◆Economics（経済）

◆Society（社会）

◆Technology（技術）

Work Sheet

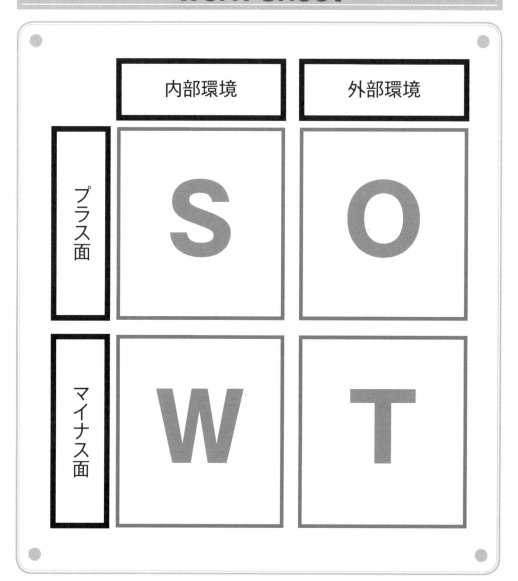

Question 5
5～6名のグループを作り、各自で作成したSWOT分析について、3分間でメンバーに説明してください。

Question 6
最近の気になるニュースについて、4〜5名のグループを組み、3分間（2分間で説明、1分間で自分の意見）で説明してください。

　普段何気なく使っている「会社」とは、一体何なのでしょう。新明解国語辞典第六版では、「営利事業を共同の目的として作った社団法人」とあります。平成17年改正前商法上においては、「会社トハ、商行為ヲ為スヲ業トスル目的ヲ以テ設立シタル社団ヲ謂フ」、「会社ハ之ヲ法人トス」とあります。現在は平成17年にできた会社法によって規定されています（社団という文字は消滅）が、①営利事業を目的としていること、②法人格を持っていること、③一定の目的のための人の集まりであることが会社の条件なのです。

　なかなか、言葉だけでは理解できませんが、会社とは「営利（お金儲け）を目的としている存在で、かつ人と同じように法律上の権利と義務の主となる資格があり、複数の人の集まりで成り立っている（現在は1人でも会社を設立することはできる）」ということです。つまり、「会社」とは私たち人間と同じで、生活するためにお金を稼ぎ、法律上の権利と義務があり、複数の人達と共同で働いているということです。

　アメリカの経営学者であるチェスター・バーナードは、公式組織の成立の条件として3つの要素、①共通目的（組織目的）、②貢献意欲（協働意志）、③伝達（コミュニケーション）を提示しました。

組織とは
　　2人以上の人々の意識的に調整された活動や
　　　　　　　　　　　　　諸力の体系と定義する。

組織の要素は
(1) 共通目的（組織目的）
(2) 貢献意欲（協働意志）
(3) 伝達（コミュニケーション）である。
　　　　　　　　　　　　　（出所）チェスター・バーナード『新訳経営者の役割』

現在では、１人でも会社を設立することはできますが、２人以上一緒に働く人がいれば公式な組織が成立し、その組織が存続するには、同じゴールを目指して、メンバーが同じ方向を向いて、目的を達成しようという個人の意欲と信念を持ち、そしてお互いの考えや情報を共有することが大切だと言っているのです。

　企業を研究する方法は、さまざまあります。企業の歴史、経営理念、福利厚生（住居手当、出産・育児休暇などの子育て支援、介護休暇など）、賃金、財務内容（資本金、過去５年間位の売上、経常利益、同業他社との売上高営業利益率比較など）、人事制度（研修制度、ジョブローテーションなど）、社員の定着率（離職率）、企業風土、企業の強み・戦略・ヒット商品、職種などなど列挙するときりがありません。

　まずは、この会社は将来どこに向かおうとしているのか、トップはどのような考えを持っているのか、そしてその会社の従業員はいきいきと働いているのか（ES：employee satisfaction＝従業員満足度が高いか）、皆が思っていることや考えていることが自由闊達に言える社内の風土なのかという、バーナードの３つの要素が極めて重要になります。これらを知るには、企業のホームページや新聞などの社長の言葉などの情報を集めただけでは、なかなか収集することはできません。現在では、個人情報の問題もあり、なかなか簡単にできないかもしれませんが、ぜひ時間があるうちにOB・OG訪問や、ゆるいつながりの方々からの紹介で、実際に働いている方とお話する機会を作ることをお勧めします。もし、どなたかとお会いできる機会が持てたとしたなら、その方にさらに同じ企業の方を紹介してもらってください。よく、就職は恋愛と似ているとたとえられますが、皆さんは恋愛をするとしたらまずは相手のことをもっと知りたくはなりませんか？　名前、性格（強み、弱み）、育った環境、相手の家族や兄弟姉妹、何に関心があるのか、将来どんな家庭を持ちたいのかなど相手のことを知りたくなると思います。一目惚れですぐ結婚したくなる方もいるかもしれませんが、相手のことを知りお互いが理解し合うには、たくさんの時間が必要ですし、うまくいかないことだって多々あります。

　恋愛や結婚と同じように、就職も「フィーリング」と「タイミング」と「環境」が大切だと思います。まずは、相手の第一印象や会話、一緒に行動した時などの「フィーリング」が大切です。そして、どんなに相手のことを好きになったとしても、相手が同じように好きになってくれるには「タイミング」も大切ですし、お互いの「環境」も大いに影響してきます。現在日本には367万近くの企業があるとされていますが、「結婚」できるのはそのうちのたったの１社です。まずは、たくさんの企業を知ることから始めてみましょう。

Work Sheet

新聞の株式欄（東証プライム市場）を参考に知っている企業を記入してみましょう。

水産・農林	マルハニチロ			
鉱業	日鉄鉱業			
建設	鹿島建設			
食品	キユーピー			
繊維	グンゼ			
パルプ・紙	王子HD			
化学	資生堂			
石油・石炭	ENEOS			
ゴム製品	ブリヂストン			
窯業	AGC			
鉄鋼	日本製鉄			
非鉄金属	三菱マテリアル			
金属製品	リンナイ			
機械	JUKI			
電気機器	キヤノン			
輸送用機器	トヨタ自動車			
精密機器	ニコン			
その他製造	任天堂			
商業	三越伊勢丹HD			
金融・保険	三菱UFJ銀行			
不動産	三井不動産			
陸運	東日本旅客鉄道			
海運	日本郵船			
空運	ANA HD			
倉庫・運輸	三菱倉庫			
情報・通信	日本テレビHD			
電力・ガス	東京ガス			
サービス	ぐるなび			

皆さんは、どれくらいの企業名を知っていましたか？　上場している企業名だけでも、知らない企業がたくさんあったのではないでしょうか？　総務省と経済産業省の調査によれば、2021年度（2021年5月時点）の全規模の企業数は367万社あり、そのうち大企業は0.1％、つまり残りの99.9％は中小企業なのです。それでは、大企業とはどこからが大企業なのでしょう。実は、法律上では大企業そのものの定義はなく、資本金が3億円以下、または従業員数が300人以下の企業（製造業などの場合）が中小企業であり、それに該当しない企業が大企業とされています。

　中小企業基本法では、中小企業とは以下の規模としています。

資本金	従業員数	業種
3億円以下	300人以下	製造業、建設業、運輸業、その他の業種
1億円以下	100人以下	卸売業
5000万円以下	100人以下	サービス業
5000万円以下	50人以下	小売業

　つまり、製造業なら資本金が3億円以上かつ従業員が300人以上の会社が大企業とされているのです。

　「上場」とは株式や債券などを証券取引所で売買することが可能になることを指し、上場した企業のことを「上場企業」と言います。

　以前は東証（東京証券取引所）一部、東証二部、マザーズ、ジャスダックなどの市場区分があり、東証一部に上場している企業のことを「一部上場企業」と言っていました。2022年の4月から新しい市場区分になり、現在はプライム市場（グローバル企業向け）、スタンダード市場（中堅企業向け）、グロース市場（新興企業向け）があります。全企業数367万社のうち、現在スタンダード市場に再編された企業数はたったの1,841社しかありません。

　今や、「大企業」に入社できたらそれで安心という時代ではなくなっているという話はしましたが、いい大学に入学して、いい会社や公務員になれば、一生安心して安定した生活が待っているという時代ではなくなっています。皆さんの誰もが知っている会社が、倒産してしまったり、税金を注入してもらったり、大量のリストラをしたり、公務員も給料や退職金をカットされたり、人数も減らされているのが今の時代です。どんな大きな会社に入ったからといって、「安心、安定」という言葉が未来永劫通用する職場はほとんどないのです。今、できることは自分の知見と感性と情報をもとに、「仮説を立てて検証する」ことしかありません。まずは、今まで「知らなかっ

た」、「興味がなかった」多くのことに目を向けて調べてみることから始めてみてはいかがでしょうか？

Question 7

大企業と中小企業それぞれのメリット・デメリットを書き出してみましょう。

◆大企業

> メリット
>
>
>
>

> デメリット
>
>
>
>

◆中小企業

> メリット
>
>
>
>

> デメリット
>
>
>
>

Coffee break

ベンチャー企業とは

元法政大学総長の清成忠男先生が、「ベンチャー・ビジネス」という言葉を創り出し、世に送り出しました。ベンチャー企業の定義は、
「独自の存在理由をもち、経営者自身が高度な専門能力と、才能ある創造的な人々を引きつけるに足りる魅力ある事業を組織する企業家精神をもっており、高収益企業で、急成長する企業である。」

NPOとは

「Nonprofit Organization」または「Not-for-Profit Organization」非営利組織のことをいい、社会的貢献活動やボランティアを行う非営利の民間団体のこと。1998年成立のNPO法により、法人格を付与された。

社会起業家（社会的起業家）とは

「ソーシャル・アントレプレナー(Social Enterpreneur)ともいわれ、「ソーシャル・イノベーション(Social Innovation)を起こす人のこと。社会的企業（ソーシャル・ビジネス）は、ボランティアやチャリティと相似であるが、有料のサービス提供により社会的課題の解決を目指しています。

　次に、会社内の部署はどのようなものがあるのかについて紹介します。職業の種類のことを「職種」といいますが、一般的には会社の中で行う仕事の種類つまり役割分担のことを指します。企業が経済活動を行う上でさまざまな役割が必要になり、この役割ごとに細分化されたのが「部門」であり、部門の役割を実行するのが「職種」です。

スパン・オブ・コントロール：統制範囲の原則
「管理者（マネージャー）が直接的に管理・統制できる範囲のこと。範囲は部下の数であらわされることが一般的で、5〜7人程度、多くても10人と言われている」

2人またはそれ以上の人々が集まれば組織が成立すると話しましたが、組織によっては何十人、何百人、何千人と従業員の数が増えていきます。統制範囲の原則からもわかるように、1人の管理者の目の届くのは、せいぜい5人から7人とされています。そこで、会社の中に役割を「部」「課」「係」などに細分化して、権限や責任、職務を明確化しているのです。日本の会社の多くは、「部課制」というピラミッド型の組織体制をとっています。

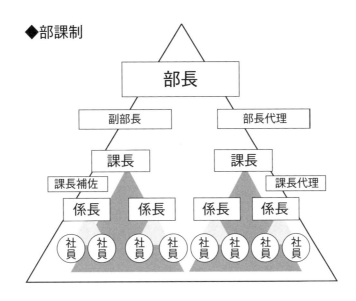

◆部課制

　最近では、ある短期のプロジェクトを遂行するために、一時的に部署を越えた人材を集め、中間管理層を外した「フラット型組織」という、部課制とは異なる組織体制を導入する企業も多くなっています。1つのタスクに対して責任と権限を持ったリーダーを中心に、各人がそれぞれの役割と責任を持って、迅速な意思決定、機動性、タテ・ヨコ・ナナメのコミュニケーションをはかる組織体制のため、短期的なチームとしては非常に適しています。

　次に「職種」にはどのようなものがあるのかを紹介しますが、「部課制」の図をさらに会社レベルで組織化したものになります。

◆組織図（例）

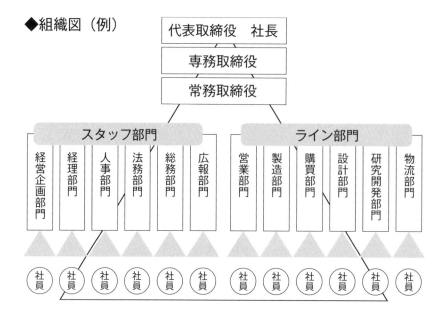

　図にあるように、大きく組織はライン部門とスタッフ部門に分かれています。実務を担当するライン部門は、利益を直接生み出す「プロフィット部門」とも呼ばれていて、スタッフ部門は、企業の運営を支える「バックオフィス部門」とも呼ばれています。簡単に職種の基本的な役割を説明すると、次のようになります。

営業・販売	特定・不特定顧客・来訪客、企業・個人などへの販売。
製造	生産管理に基づく製品の製造、品質管理、納期管理。
購買	材料・部品などの資材調達、商品仕入れ。
設計	製品の設計や開発、試作など。
研究開発	商品化に向けての研究、技術面での課題解決、仕様の決定など。
物流	商品の輸送、商品の保管・管理など。
経営企画	経営戦略、経営計画の立案、事業再編・開発など。
経理	資金繰り、資金調達・運用、財務会計、税務申告など。
人事	採用・配置・異動、人事制度設計、人材教育、労務管理など。
法務	企業間交渉、契約、企業経営に関わる法律業務全般。
総務	資産管理、庶務、経営管理、社内外への対応など。
広報	社内外広報、マスコミとの関係性構築、IR（投資家広報）など。

Question 8

◆今まで知らなかった企業についての紹介と選んだ理由について、レポートを
2000字程度で作成してください（業界の特徴、企業の戦略、経営理念、
SWOT分析等どのように記入しても構いません）。

＊最終章の時間に、それぞれ作成したレポートをお互いに発表してください。

◆興味関心を持った職種に関して、ライン部門、スタッフ部門それぞれ１つず
つ挙げ、理由を記入してください。

ライン部門

理由：

スタッフ部門

理由：

　367万社もある企業を全て研究することはできませんが、「木を見て森を見ず」にな
らないよう、発想を変えて、いろいろな人から「自分の知らないことを知る」ことを
実践してみてください。皆さんの人生における選択肢は、ごく限られた選択肢だけで
はなく、皆さんが考えるよりはるかに多様な可能性があり、やりたいことに偶然出会
えたりするのです。

第6章 「未来のはたらきかた」を考える

6-1 人生100年時代

> 「国連の推計によれば、2050年までに、日本の100歳以上人口は100万人を突破する見込みだ。2007年に日本で生まれた子どもの半分は、107年以上生きることが予想される。」
>
> （出所）リンダ・グラットン『ライフ・シフト』

　ロンドン・ビジネススクール教授のリンダ・グラットン氏によれば、人類の長寿化が進むと「教育→仕事→引退」という旧来の3つのステージが崩れていき、それに伴い新たなステージが登場していくと述べています。また、寿命が伸びれば仕事のステージが長くなり、結果として、引退年齢は70歳～80歳となることも予測しています。現在の日本は、男女ともに平均寿命は80歳を超える長寿国ですが、皆さんの時代には100歳まで寿命が伸びることが予想されているのです。定年は30年間の間に、55歳から60歳へ、60歳から65歳へと延長されていますが、皆さんの頃には70歳か75歳になることも考えられます。皆さんの親の世代であれば、大学を卒業して40年程度働けば年金生活で老後を過ごす第2の人生を迎えることができましたが、皆さんの世代は50年近く働かねばならない時代になるかもしれません。技術革新によって仕事の中身も大きく変化することも考えられますし、学生の間に学んだ知識だけでは長い職業人生は乗り越えられなくなるでしょう。一昔前であれば、いい高校、いい大学、いい企業に入れば将来安泰だという幻想がありましたが、これからの時代においては、皆さんの親の世代に有効とされていたキャリア形成は、ほとんど意味がなくなるとも予見されています。

　河合雅司氏著「未来の年表　人口減少日本でこれから起きること」では、政府のデータや推計値により日本の未来を予測しています。日本は少子高齢化とともに人口減少社会に向かっており、これに伴う将来起こりうることが年表形式でわかりやすく説明されています。

2016年	出生数　100万人を切る	
2020年	女性の過半数が50歳以上	
2024年	全国民の3人に1人が65歳以上	
2033年	3戸に1戸が空き家に	
2035年	男性の3人に1人、女性は5人に1人が生涯未婚	
2053年	総人口が1億人を切る	
2059年	5人に1人が80歳以上	

（出所）河合雅司『未来の年表　人口減少日本でこれから起きること』

　東京オリンピックが開催される2020年には女性の2人に1人が50歳以上になり、2033年には3戸に1戸が空き家、2035年には男性で33.3％、女性で20％が生涯未婚に、人口は40年後には1億人を下回り、100年も経たないうちに5,000万人を下回るなど数字で見てみると本当に衝撃的なものばかりです。

　また、米デューク大学の研究者キャシー・デビットソン氏は、「2011年にアメリカの小学校に入学した子どものうち65％は、大学卒業時に今は存在していない職業に就くだろう」と予測しました。さまざまな研究者たちによる未来の予測は、今までの常識を大きく覆すものばかりです。

　河合雅司氏の著書の中に以下のフレーズがあります。

「少子高齢化とは、これまで当たり前と思ってきた日常が、少しずつ、気づかぬうちに崩壊していくことなのである。」

（出所）河合雅司『未来の年表　人口減少日本でこれから起きること』

　日本で進行しつつある「少子高齢化」と「第4次産業革命（人工知能などによる自動化）」という構造変化は、今後皆さんのキャリアに大きく影響すると考えられます。2017年版の高齢社会白書によれば、2055年に日本の総人口は1億人を割り込むというデータも出ています。子どもが減少し、高齢者が増え、総人口が激減するという現実は皆さんにどのような面で影響してくるのでしょうか？

Question 1

日本の少子高齢化と人口減少は皆さんの将来にどのように影響するでしょうか？気づいたことを記入してみましょう。

・

・

・

　2016年に生まれた子供の数が98万6979人で1899年に統計を取り始めてから初めて100万人を割り込みました。また、子どもの数は1982年から連続で減少しています。今後、出産世代の女性の人口も減少しますので、出生数はさらに減少していくことが予想されます。子どもの数が減少して高齢者の数が増加するということは、今後間違いなく働く人（労働力人口）が減少していくということです。

　労働力人口というのは、「15歳以上で、労働する能力と意思を持つ者の数」とされていますが、計算式にするならば「人口×労働力率」になります。人口が減っても労働力率を高めれば、労働力人口を高めることができるわけです。

　2014年の労働力人口は6587万人ですが、経済成長と労働力率が向上しない場合、2030年には5800万人（約800万人減）になると予測されています。このまま少子高齢化が進行しても、労働力人口を維持、もしくは減少幅を小さくするには女性や高齢者の働きやすい環境の整備が日本の喫緊の課題になっています。

【M字カーブ】

下の図は女性の年齢別の労働力率のグラフになります。

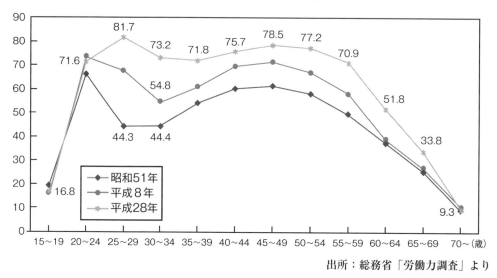

出所：総務省「労働力調査」より

グラフから何が読み取れるでしょう。

Question 2

①なぜ昭和51年の女性の労働力率は66.4%（20歳から24歳）から44.3%
（25歳から29歳）に激減したのでしょう？

②なぜ平成28年の女性の労働力率は緩やかなカーブになったのでしょうか？

　女性が出産や育児によって離職することによって、20代、30代を中心に働く人が減ることを「M字カーブ減少」と言います。ただし、先ほどのグラフからもわかるように、昨今働く女性の環境が徐々に整い、子育て支援が徐々に充実してきたこと、女性が出産や育児によって離職せずに働き続けられるようになってきたことも伺えます。

> 「元始、女性は実に太陽であった。真正の人であった。
>   今、女性は月である。
>   他に依って生き、他の光によって輝く、
>   病人のような蒼白い顔の月である。」
>
> （出所）堀場清子編『青鞜　女性解放論集』

　この言葉は、大正から昭和にかけて女性の参政権や権利獲得に奔走した活動家である平塚らいてう氏が「青鞜」という雑誌を発刊した際に寄せた有名な文章です。当時は、女性に選挙権もなく、「良妻賢母」という言葉が当たり前の時代でした。この文章で、らいてう氏は女性の存在を太陽と月に喩えて、「昔は太陽のように輝いていた女性が、今は男性に養ってもらい生きていて、自ら光らない月のような存在だ」と表現し、「女性よ、目覚めよ」と女性の政治活動の自由を追求したのです。

　2017年3月、政府は「働き方改革実行計画」を公表しました。①非正規の処遇改善、②賃金引上げ、③長時間労働の是正、④転職・再就職支援、⑤柔軟な働き方、⑥女性・若者の支援、⑦高齢者の就業促進、⑧子育て・介護と仕事の両立、⑨外国人材の受け入れの9つの分野にわたる計画です。労働力人口が減少するなか、女性や高齢者の就労支援が日本の大きな課題になっているのです。女性のキャリア形成を見てみると、出産や育児によって離職することが多く、子育てが一段落した後再び働く傾向があります。しかし、一度離職してしまうと正社員として同じ職場へ復帰することは困難であり、止むを得ずパートタイマーや派遣社員といった非正規社員として働く女性はいまだに多いのが現実です。

2030年に労働力人口6400万人程度を維持するのに必要な労働力率				
		2014年		2030年
女性	30～34歳	70.0%	→	84.6%
	35～39歳	70.8%	→	83.8%
男性	60～64歳	77.6%	→	89.3%
	65～69歳	52.5%	→	67.9%

（出所）日本経済新聞（2017年4月28日）より

上記の表からもわかるように、2030年に労働力人口6400万人を維持するには、女性が働きやすくすることと高齢者が働けるようにすることがとても重要になります。

【定年制】

　ここで「定年制」についても少し触れておきます。

　広辞苑によれば、定年制とは、「一定の年齢に達すると退職することを定めた制度」とあります。日本で初めて退職年齢を定めたのは、海軍が設立した火薬製造所（1887年）とされています。

「職工ハ年齢満五十五年ヲ停年トシ此期ニ至ル者ハ服役ヲ解ク」

　当時は「停年」とされていましたが、第二次世界大戦後に「定年」となったそうです。55歳定年制が長く続きましたが、1986年に「高年齢者の雇用の安定等に関する法律」の改正により60歳定年が企業の努力義務とされ、その後1994年（1998年施行）には60歳未満定年制が禁止されました。

　さらには2000年に65歳までの雇用確保措置が努力義務とされ、2012年（2013年施行）には「改正高齢者雇用安定法」が成立して希望者全員を65歳まで継続雇用することが義務化されました。人生100年時代に突入したとき、定年は何歳になるのでしょうか。

> 「定年が羨ましい。
> 　私はしみじみとそう感じている。
> 　定年は明確な区切りであり、区切りがなければ
> 　　　　人生は物語にならない」
>
> （出所）日本経済新聞（2017年5月14日）より

　こちらの言葉はノンフィクション作家の高橋秀実（ひでみね）氏が日本経済新聞に綴られたものです。最終章にある簡易キャリア理論でも触れますが、人生には多くの転機がありますが「終わりは始まり」という言葉の通り何かが終わると何かが始まるものです。人生100年という長い道のりの中、寿命が伸びるに伴って仕事のステージ

が長くなります。リンダ・グラットン氏の提唱する新たなステージに向けて、これからの時代は、「自分でキャリアの区切りをつける」ことも必要になってくると思います。皆さんはいつまで働き続けますか？

世界の人口推移

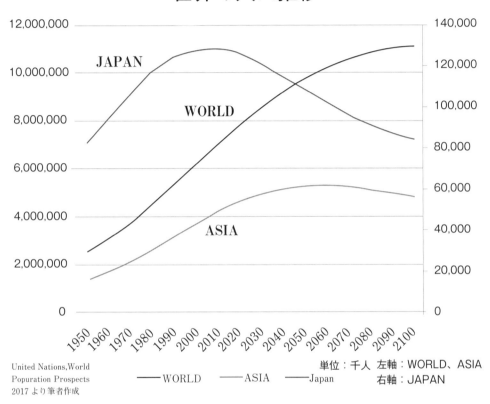

United Nations,World
Popuration Prospects
2017 より筆者作成

──WORLD　　──ASIA　　──Japan

単位：千人　左軸：WORLD、ASIA
右軸：JAPAN

　今までは日本における少子高齢化による労働力人口の減少問題について見てきましたが、この図は国際連合（United Nations）が公表している推計データベースによる世界の総人口（1950年から2100年）の実績と予測です。

　日本は大きく減少していくことが明らかな一方、世界の人口は大きく右肩上がりに増加しています。現在世界人口は70億人を超えていますが、2050年には97億人、2100年には111億人と予測されています。

Question 3

世界の人口増加は、皆さんの将来にどのように影響するでしょう？気づいたことを記入してみよう。

- ・
- ・
- ・
- ・

6-2　AI時代のはたらきかた

　最近の書籍や新聞、ニュースなどでは頻繁にAIという言葉が出てくるようになりました。AIとは、Artificial Intelligenceのことで日本語に訳すと「人工知能」という意味になります。現在は、第3次AIブームと言われていますが、個人的には1999年にソニーが発売したペットロボットの「AIBO」を思い浮かべます。マンションに住む方や高齢者が増え、手軽に自宅でペットを飼え、コミュニケーションを介して成長していくロボットとして、とても話題となりました。

　2013年にオックスフォード大学のマイケルA.オズボーン氏の論文「未来の雇用（THE FUTURE OF EMPLOYMENT）」では、「今後10〜20年程度で、米国の総雇用者の約47%の仕事が自動化されるリスクが高い」と推計しています。18世紀後半から19世紀初めにかけてイギリスで行われて始まったとされる産業革命ですが、時代や技術の進化によってさまざまな自動化が進められてきました。第1次産業革命では蒸気機関や鉄道による自動化、第2次産業革命では電気による自動化、第3次産業革命ではコンピュータによる自動化、そして現在は第4次産業革命の人工知能などによる自動化が進行しつつあります。後にも紹介しますが、最近復刻版として出版された『21世紀への階段　−40年後の日本の科学技術−』では、科学技術庁（2001年まで存在した日本の中央省庁の1つ）が大学教授や技術者などの有識者に未来を予測してもらったものが描かれています。

　復刻版の本の帯には、「タイムカプセルを開けてみませんか？　半世紀前の21世紀未来予測は実現しているのか」とあります。今ではほとんどの方が普通に使用している携帯電話ですが、「都市と農村の握手」という章の中で、このように語られています。

「電話機は、ワイヤレスになり、ダイヤルもプッシュボタン式になり、ポケットに入れて歩く時代になる。一方で卓上電話はテレビ電話となって、送話者の顔を壁面に映すというところまで発展していく。つまりわれわれが過去40年間に経験した何倍かの爆発的速度で、今後の40年はあらゆるものが革新していくのである。」

　また、この本では21世紀の未来の科学技術の成果として、

```
◆切符切りのいない地下鉄　◆翻訳機の出現　◆しゃべればその通りに動く
◆電話はポケットに入る　◆鉄道・自動車も自動で動く　◆平均寿命80歳
◆東京・大阪を１時間で　◆簡単な掃除　◆風呂焚き不要
```

など、さまざまなことを予測しています。すでに実現化されているものばかりで、近未来に実現することも多く綴られています。いま現在は新幹線で東京（品川）〜名古屋間は1時間半程度所要時間がかかりますが、リニアモーターカーにより、2027年（予定）には最速40分で到着するそうです。東京〜大阪も名古屋の開業後10年後になるとのことですが、最速で67分で結ぶと試算もされています。ひと昔前には、駅の改札口には切符を切る駅員さんが常駐しており、物の見事に切符を切り、定期を確認し、キセル（途中のタダ乗りのこと）がないかをチェックしている姿が当たり前でした。しかし、いま現在は自動改札が当たり前になりましたし、高速道路もETCの導入で、お金の受け取りをしている方もほぼいなくなり、有料道路の料金所で車を止めることなく料金の精算も自動で引き落としされます。技術の革新により、無人のコンビニエンスストアが試験的に導入されたり、自動運転車で荷物を運ぶことも可能となってきました。あるホテルでは、ロボットが受付をしたり、荷物を運んだり、バーでカクテルまで作ってくれるような時代が到来しているのです。アメリカの人工知能研究者レイモンド・カーツワイル氏は、『2045年には人工知能は万能となり、人間の英知を超越する「シンギュラリティ（技術的特異点）」が到来する』とも予言しています。鈴木貴博著『仕事消滅』においては、先の自動運転車の普及で2025年には世界中でタクシードライバーや長距離トラックのドライバーの仕事が消滅し、日本では123万人の雇用が失われると断言しています。

　マイケル・オズボーン氏は、先ほど紹介した論文の中で今後AIに代替される可能性の高い職業を下記のとおり挙げています。

```
◆レジ係  ◆レストランの案内係  ◆ホテルの受付係  ◆電話オペレーター
◆データ入力作業員  ◆訪問販売員・路上新聞売り  ◆給与・福利厚生担当者
◆銀行の融資担当者  ◆税務申告書代行者  ◆簿記、会計、監査の事務員
◆メガネ、コンタクトレンズの技術者  ◆義歯制作技術者  ◆保険の審査担当者
◆カジノのディーラー  ◆審判員  など
```

　AIに代替される可能性の高い職業の共通点は何でしょうか？すでに人間と人工知能（AI）の対決で、囲碁やチェス、オセロや将棋において人工知能が勝利しているそうです。計算したり、規則性があるもの、正確性などは人工知能の方が優れている点として考えられますが、それではAIにはできず人間にしかできないことは何でしょうか？

Question 4
あなたがAIに代替される可能性が低いと考える職業（仕事）を記入してみましょう。
・
・
・
・
・
・

「ヒトに与えられたキャリアは本当のキャリアじゃない。

でも本当のキャリアって何だ!?」

　この言葉は玄田有史先生が、この本の出版に際して送ってくださった言葉です。

キャリアという言葉を新明解国語辞典で調べてみると次のように説明しています。

[career＝経歴]
その方面で実際に場数を踏んできた経験年数。

　第2章で学習したドナルド・スーパーとダグラス・ホールの「career」の定義の共通点は「連続」という言葉でした。この辞書の定義では、「経験」の年数と「場数」の回数で「career」を表現しています。日本においては研究者による「career」の定義は意外にも統一性がなく、「career」という言葉そのものすら定義づけられていませんが、この説明はとても短い言葉で最もわかりやすく個人的にはしっくりくる定義です。

　今まで見てきたように、「人工知能」についてはさまざまな研究者たちがさまざまな楽観的見通しや悲観的な予想を立てていますが、あまり振り回されることはありません。これからの時代、「経験」と「場数」で培った力で正解のない問題を解く能力が必要になると思いますし、場数を踏むことが自信につながり、「ささやかな誇り（プライド）」になると思います。しかしこの場数を踏むという経験は、回り道になったり、紆余曲折もあると思いますし、挫折や失敗経験も多く伴うものです。だからこそ、そこから生まれるものは人工知能にも劣らない人間の強みとなり、個人にとっては生きる力に繋がるのだと思います。自分がどんな人生を歩んできたかを振り返る時に、この「ささやかな誇り」が自分の人生（career）を肯定し、それこそが「生きた証」になるかもしれません。

特に人生100年時代だと目先で得だと思っても
長い目で見たら損になることはたくさんあるし
その逆もあります。
別の言い方をすると「迷ったらやれ」です。

（出所）リクルートワークス研究所HP労働政策で考える「働く」のこれから

玄田有史氏『100年人生、ギブ＆テイクではキャリアは創れない』

6-3　知っておきたいワークルール

【労働法と労働契約】

　社会に出て働くようになると、労働法（労働基準法、労働契約法、最低賃金法等）などの法律や働く上での基本的なルールなど、働いていく上でいざという時に役立つ知識がたくさんあります。逆に言えば、知らないと損をしてしまうものもたくさんあるのです。「自分のキャリアは自分で創る」というのがこの本の目指すものですが、今の世の中「自分のことは自分で守る」時代でもあります。みなさんが、これからの長い人生100年時代を生き抜くためにも、またやりがい・働きがいを持って自分のキャリアを築いて行くためにも、最低限知っておいていただきたい基本的なルールを紹介していきます。

　第4章で紹介した『エンプロイアビリティ』という言葉は、employ（雇用）とability（能力）の造語でした。景気の低迷が続き、企業においては入社してからゆっくり人材を育成する余裕もなく、社会に出る前にこの「雇用され得る能力」を高めてきてくださいと大合唱された時期がありました。さて「雇用される」とはどのようなことなのでしょう。

　もし皆さんが、どちらかの会社に就職しようとした場合、みなさんと会社との間で「労働契約」という約束を交わすことになります。この約束を交わすと、みなさんには「労働力を提供する義務」と「その対価として賃金を受け取る権利」が生じます。一方会社には、「労働力を提供させる権利」と「その対価として賃金を支払う義務」が生じるのです。「雇用は契約」であることが基本なのです。本来は、対等であり、お互いの合意で決めるのも基本になります。アルバイトやパートでも同様に労働契約を交わしているのです。2016年に厚生労働省が実施した「高校生に対するアルバイトに関する意識調査」では、アルバイト経験のある高校生のうち60%が労働条件通知書を交付されていないという回答がありました。自分はどのような約束（就業時間、契約期間、賃金、休日など）で働いているかの正確な説明を受けていないということです。2013年の新語・流行語大賞のトップテンに「ブラック企業」という言葉が選ばれました。特に明確な定義があるわけではありませんが、厚生労働省によると、①労働者に対し極端な長時間労働やノルマを課す、②賃金不払残業やパワーハラスメントが横行するなど企業全体のコンプライアンスが低い、③このような状況下で労働者に対して過度の選別を行うこととしています。曖昧なものですが、1つ言えるのは、きちんと契約に従った働かせ方をしているか、労働法をきちんと守っているかが判断基準

のように思います。労働者を守るためにできたのが労働法です。皆さんと会社は本来対等であるはずですが、力関係が生じて立場の弱くなる労働者に、長時間労働やサービス残業など劣悪な労働環境で働かせないことが労働法の目的ですから、みなさんにとっては自分自身の権利を守るものにもなるのです。

【ルール①（労働条件の明示）】（労働基準法第15条）

特に重要な6項目については書面での明示が義務として定められています。

①労働契約の期間

②期間の定めのある労働契約を更新する場合の基準

③就業場所・仕事の内容

④勤務時間（始業・終業時刻、残業の有無、休憩時間）や休日

⑤賃金の決定方法・計算・支払いの方法

⑥退職に関する事項（解雇の事由も含む）

【最低賃金と賃金の支払い方】

みなさんの多くの方々はアルバイト経験があると思いますが、「最低賃金」という言葉はご存知でしょうか。毎年都道府県ごとに決められる賃金の最低限度額を決めたものですが、今アルバイト先がある都道府県の最低賃金はいくらか知っていますか？最低賃金には、「地域別最低賃金」と特定の産業に適用される「特定最低賃金」があり、両方が該当する場合は賃金の高いほうが適用されます。もし、みなさんのアルバイトの時給がこの最低賃金より下回っていたとしたら、これもルール違反です。たまにですが、道を歩いているとアルバイト募集のポスターに最低賃金を下回っているものを見ることがあります。まずは、自分のバイト先の賃金はルール違反ではないか確認してみましょう。

Question 5

あなたのバイト先がある都道府県の最低賃金を調べてみよう。

_____ 都・道・府・県　　　_____ 円

みなさんの給料（賃金）の支払い方にもルールがあり、最初に交わした約束を勝手に変更することは原則できませんし、賃金が確実に全額支払われるために次のような

支払い方が法律で定められています。

【ルール②（賃金の支払い方）】（労働基準法第24条）

①直接本人に…直接払いの原則

②現金（本人の同意があれば銀行振込も可能）…通貨払いの原則

③全額を…全額払いの原則

④毎月1回以上一定の期日に…毎月1回以上定期払いの原則

　働く場所や業種によっても違ってくると思いますが、祝祭日やクリスマスやハロウィンなどのイベントのときや、同じシフトの友達が急病でお休みになったりしたとき、残業をお願いされることがあると思います。しかし、忙しいからといって原則を超えて働かせ過ぎてしまうこともルール違反になります。

　働く時間の長さも法律で規制されていて、労働基準法では、1日8時間、1週間に40時間（法定労働時間）を超えて働かせてはいけないことが原則となっています。また、時間外労働や深夜残業（原則午後10時から午前5時まで）や休日労働（法定休日：1週1日あるいは4週を通じて4日以上に該当する日）に働いてもらうには、「割増賃金」を支払わなければなりません。

【ルール③（割増賃金）】（労働基準法第37条）

①時間外労働（法定労働時間を超えた場合）は２５％以上増

②深夜労働（午後１０時から午前５時）は２５％以上増

③休日労働（法定休日に働かせた場合）は３５％以上増

　このルールはすべての労働者に適用されますので、アルバイトの方にも支払わなければなりません。よく「サービス残業」という言葉を聞いたことがあるかもしれませんが、これもルール違反です。きちんと働いた分の給料（賃金）が支払われているかご自身の給与明細を確認してみましょう。

【休憩と休日】

　「働きバチ」とか「ワーカホリック」という言葉を聞いたことはありますか？高度経済成長期を支えてきた一因として、「会社のため」、「日本のため」、「家族のため」と「愛社精神」という名のもとに時間や休日を惜しんで働き続ける働き方がありました。2016

年のOECD（経済協力開発機構）の調査によれば、日本の年間平均労働時間は1,713時間、世界の平均は1,763時間というデータが示されています。このデータにはパートタイム労働者の方々の労働時間も含まれますし、先ほどのあってはならない「サービス残業」は含まれませんので確かなデータとは言えませんが、平均値より多少なりとも下回っているというのは事実です。休日は先ほども説明しましたが、毎週少なくとも1回、あるいは4週間を通じて4日以上というルールがありますが、休憩にも決まりがあります。

【ルール④（休憩時間）】（労働基準法第34条）

1日の労働時間が

①6時間を超える　→ 45分以上

②8時間を超える　→ 60分以上

　しっかり働くためには、きちんと休憩を取ってリフレッシュすることはとても大切なことです。同様に、お休みもきちんと取ることも非常に大切なことです。

　一定の期間継続して働くと年次有給休暇（以下有給休暇）が付与されます。この「有給休暇」は、アルバイト（パートタイム労働者）の方でも一定の条件をクリアすると付与されることをご存知でしょうか。

　2017年のエクスペディアの調査では、日本の有給休暇消化率は世界で最下位でした。その理由を聞くと、①緊急時のために取っておく、②人手不足、③職場の同僚が休んでいないという結果だったそうです。国民性を如実に表現した回答ですね。有給休暇とは、字のごとく、所定の休日以外の労働日に勤務しなくても出勤したものとみなされ同様に賃金が支払われる休暇のことになります。何のために休もうが、原則目的は問われません。友人と旅行したり、映画を見に行ったり、美味しい食事に行っても何をしてもいいのが有給休暇です。

【年次有給休暇の付与日数（一般の労働者　週所定労働日数が5日以上、または週所定労働時間が30時間以上）】

　半年間継続して働いていて、全労働日の8割以上出勤していれば以下の日数の有給休暇が付与されます。

勤続年数	6ヶ月	1年6ヵ月	2年6ヵ月	3年6ヵ月	4年6ヵ月	5年6ヵ月	6年6ヵ月以上
付与日数	10日	11日	12日	14日	16日	18日	20日

出所：東京都産業労働局「ポケット労働法2022」

アルバイトでも、半年間継続して勤務して全労働日の8割以上の出勤、週5日以上の勤務の要件を満たせば、社員と同じだけ付与されます。

　実際には多くの方が、それ以下の日数や時間で働いているケースが多いと思います。少ない日数であっても以下の要件をクリアすれば所定の労働日数に応じて有給休暇が付与されます。

【年次有給休暇の付与日数（所定労働日数が4日以下かつ所定労働時間が30時間未満）】
（労働基準法第39条）

【ルール⑤（有給休暇）】
労働時間が30時間未満かつ所定労働日が4日以下の場合

週所定労働日数	1年間の所定労働日数	勤続年数						
		6ヶ月	1年6ヶ月	2年6ヶ月	3年6ヶ月	4年6ヶ月	5年6ヶ月	6年6ヶ月以上
4日	169〜216日	7日	8日	9日	10日	12日	13日	15日
3日	121〜168日	5日	6日	6日	8日	9日	10日	11日
2日	73〜120日	3日	4日	4日	5日	6日	6日	7日
1日	48〜72日	1日	2日	2日	2日	3日	3日	3日

出所：東京都産業労働局「ポケット労働法2022」

　みなさんの働いている日数と年数を確認して、有給休暇は何日あるのか確認してみましょう。もし、今まで紹介したルールが守られていない場合は、「労働基準監督署」、「総合労働相談コーナー」に相談してみてください（詳しくは第7章を参照してください）。

第7章 「希望」について考える

7-1 希望は与えられるものではない

いよいよ、最後の授業になります。今まで皆さんには、「働くことの意味」、「キャリアと自分のこと」、「社会が求めていること」、「職業」について考えていただきました。

時代は刻一刻とスピードの速度をあげて、様変わりしてきたことを理解いただけたのではないでしょうか。よく大人になると、「今どきの若者は」という一言で若い人をひとくくりにして、自分の昔と比較しようとします。しかし、多分そういう大人の方たちも同じように「今どきの若者は」と言われていたのだと思います。まずは、皆さんには、今現在の環境を理解して、過去を振り返るのではなく、これからの未来を予測して、自分のことや周囲の方のこと、願わくば日本の将来についても考えてもらいたいと思っています。

村上龍さんの「希望の国のエクソダス」という小説の中で、社会に反乱を起こす16歳の少年は誰もが思っていても口にはしない言葉を発します。

> 「日本には何でもあるけど、希望だけがない」
>
> （出所）村上龍『希望の国のエクソダス』

2004年1月の早朝に、本書の監修者である玄田先生の夢の中に「**かつて、希望は前提だった**」というフレーズが突然浮かび上がったそうです。このフレーズをきっかけに、東京大学社会科学研究所は、「希望」にまつわる疑問を明らかにするために「希望学プロジェクト」を立ち上げ、研究をスタートしました（詳しくは、玄田有史著『希望のつくり方』（岩波新書、2010年）、『希望学』（中公新書ラクレ、2006年）、『希望学1〜4』（東京大学出版会、2009年）を参照）。

国連児童基金（ユニセフ）と国立社会保障・人口問題研究所の「子どもの幸福度」（2013年）に関する調査において、日本は先進31カ国のうち6位という結果でした。「教育」、「日常生活上のリスクの低さ」の項目においては、「1位」でしたが、「住居と環境」は10位、「健康と安全」の項目は16位、そして「物質的豊かさ」においては21位という結果でした。何でもある日本なのに、なぜ物質的な豊かさが低いのでしょ

うか。この「物質的豊かさ」とは、国ごとに「標準的な所得の半分未満の世帯で暮らす子どもの割合」を比較しています。この項目では、先に紹介したフィンランドがトップで、標準的な所得の半分以下の子どもはわずか3.6％しかいないのに対して、日本は14.9％だったそうです。つまり、標準的な所得の半分に満たない家族で育った子どもの数は、フィンランドでは100人中4人であるのに対して、日本では100人中15人であるということです。

　毎年第一生命という生命保険会社が企画して募集している「サラリーマン川柳」というコンクールがあります。2011年の第24回に第3位に選ばれた句にこんなのがありました。

何になる？
　　　子どもの答えは
　　　　　○○○○○

（出所）第一生命『サラリーマン川柳』

　おそらく小学生位のお子さんにお父さんかお母さんが聞いたのだと思います。「○○の将来の夢は何かな？　将来何になりたいの？」ご両親は、さぞ「スポーツ選手」とか「宇宙飛行士」とか、「お医者さん」とかを期待していたのではないでしょうか？しかし、予想に反してお子さんはこう言ったそうです。

『ボク（私）の将来の夢は、「せいしゃいん」になることだよ！』と。

　いかがですか？　この答えに、希望はあるのでしょうか？　これまで皆さんに考えていただいたり、示してきたデータを見ても、この先何を心の糧に生きていけばいいのか、将来に夢や希望はあるのか、こんな世の中なのだから、ほどほどに生きていけばいいのではないかと思ったかもしれません。～のせいにしてしまう方もいるかもしれませんし、周りにいる大人だって、疲れきっているし、いきいきと頑張っている人が少なく感じる方もいるのではないでしょうか？

　玄田先生は、希望学を研究するにあたり、岩手県の釜石市に何度も通い続けたそうです。この街は、第二次産業が最盛の頃、製鉄の街として栄え、産業だけではなく新日鉄釜石のラグビー部は日本選手権七連覇を遂げたことのあるラグビーで有名になった街でもあります。しかし、この街は戦前に二度の震災に襲われ、戦争中にも大きな被害を受けるなど多くの試練を経験してきた街なのです。このような経験のある街だからこそ「希望」を考えるのにふさわしい街として釜石市に辿りついたそうですが、今回の震災においても多大な被害を受けることになってしまったのです。震災後、何

度も釜石市を訪れた際に、必ず街の方々に「今必要なものを言ってください」と質問し、訪れる際にリクエストのあったものを持参したそうです。2〜3か月目位のころは、必ずといっていいほど「食糧、洋服」など生活に必要なもののリクエストがあったそうですが、ある時奥様のアドバイスで記入のできるカレンダーをお持ちした際、今まで以上に皆さんが喜んでくださったそうです。どうしてなのか尋ねたところ、何か月か先に予定を入れることが大きな喜びにつながり、それに向かって頑張ろうという目標になるのだとおっしゃったそうです。多くの試練を経験した方々は、自ら希望（目標）を自分たちの手で創り出していたのです。

　今の世の中は、まさに何でもある何不自由しない世の中だと思いますが、今までの世の中は、玄田先生の朝に突然浮かび上がったフレーズ通り、未来への希望が前提としてあったのだと思います。これからの時代は、「希望」は与えられるのではなく、自分たちの手で自ら創り上げていく時代であり、「自分のキャリアは自分で創る」時代が到来したのだと思います。

> 「希望とは世界の状態ではなく心の状態である。希望、この深く力強い感覚は、物事がうまくいっているときの喜びや成功が明らかな企業に投資する意欲などとはまったく異なるものだ。むしろ、価値があるという理由で働くことのできる能力である。」
>
> （出所）チェコ共和国初代大統領ヴァーツラフ・ハヴェルの言葉

Question 1
「希望」について感じたこと、思っていることを自由に書いてみましょう。

7-2　希望のつくり方

　これからの日本社会は、グローバル化の進展や社会の変化、働き方の変化などを背景に今以上に「経済的な格差」が広がり「閉塞感」、「喪失感」という闇が広がるかもしれません。努力して頑張った苦労が認められなかったり、仕事で頑張っても収入が上がらず、ポスト不足のために昇進もできず、果てにはリストラになる可能性だってあります。社会の個性化が進むことによって、自分で選択したことは自分の責任という「自己責任」の名のもとに、「孤独感」や「絶望感」がますます増し、経済的にも精神的にも貧富の差が広がっていくかもしれません。「努力しても報われない」、「頑張っても無駄になる」という考えから始めても何も変わるものはありません。

　前述しましたが、変えられるものは皆さん自身の「行動」や「思考」なのです。皆さんには、自分の役割について考えていただきましたが、誰もがいくつかの役割を持っていたと思います。役割があるということは、何かに属しているということであり、社会から必要とされ、他人から認められているという証なのです。これからの人生の中で、最も社会とのつながりを感じるのは、仕事や職業であり、働くことを通じて、自分の役割や自分の居場所を改めて確かめることにもつながります。仕事を通じて得るものはお金だけではなく、達成感や充実感、自分の成長や喜びや苦しみを分かち合いながら何かに向かってみんなで頑張る仲間や同僚との絆など数多くのものがあります。仕事はお金をもらっている以上辛くて大変なものですが、その半面仕事をやっていくうちにできることが増えていき、知識や技術・技能も備わり、自分がやりたいことだって見つかっていくものなのです。私が本当にやりたいことに辿りついたのは40歳です。村上龍さんの言葉通り、「好きなことは見つける」ものではなく、「仕事を通じて出会うもの」なのだと思います。

　玄田先生が講演の中で話していた学生時代に身につけておくべき3つの「かん」を紹介します。

　1つめは喜怒哀楽の「感」、2つめはここから先は危険とかここまでは大丈夫と判断する「勘」、そして3つめがこれから先の長い人生どのようにして生きていくのか、自分はどういう生き方をするかという観（ビジョン）です。特に、皆さんにとっては3つめの観が、もっとも重要な選択をする際に必要になってくると思います。そして、ビジョンを考える際には、同時に自分の希望について考えることも大切だと思います。希望学の研究を通じて、「希望は与えられるものではない、自分たちの手で見つけるものだ」というメッセージに対する、大きなヒントを与えてくれています。

> HOPE（希望）is a Wish（願い）
>
> for Something（何か）
>
> to Come true（実現）
>
> by Action（行動）
>
> （希望とは行動によって何かを実現しようとする願い）
>
> （出所）玄田有史『希望のつくり方』

　希望は、4つの柱から成り立っています。1つめが「wish」という日本語では「気持ち」、「思い」、「願い」のことで、何よりもまず希望にはこの「気持ち」が大事になります。

　2つめが、「something」というあなたにとって大切なものは何かを見定めること。そして、3つめが「come true」つまり実現という意味です。どうしたら見定めた何かを実現することができるかについて考えて、勉強したり情報を集めたりすることです。

　最後に、「action」つまり行動するということです。世の中の状況が変わるのを待つのではなく、自ら「変える」ために行動することが重要だと言っています。もし、希望が見つからないときは、「気持ち」、「何か」、「実現」、「行動」の4本柱のうちどれかが欠けていて、自分にとってどの柱が見つかっていないかを探すことから始めてみてください。

　この4つの柱にさらにプラスされたのが、「each other」です。これは、希望は個人だけの問題ではなく、社会の問題であり、社会の希望をつくるには、お互いに共有し、納得がいくまで対話を繰り返して、お互いを尊重し合うという希望の「社会化」の実現に向けて進んでいくことの重要性を説いています。

　希望をつくる際に、最も重要なのは「行動」することであり、そのためにも私はまず一歩前に踏み出すことが大切だと思っています。何か新しいことを始めてみたり、普段やり慣れないことをしようとするには、大きな勇気が必要です。授業中手を挙げて発言したり、皆の前で発表したりする時、間違ったことを言ってしまったり、周囲の目を気にしてしまって行動を躊躇してしまうことはありませんか？　しかし、学生時代に勇気を持って失敗を恐れないで行動してみることって、これからの人生の中でとても貴重な経験になり、社会人になった際には大きな武器にもなります。玄田先生は、過去の失敗経験を自分の言葉で表現できるほど、未来の希望を語ることができるとも言っています。

学生と社会人との大きな違いは、「自立」できているかどうかだと思います。経済的にも精神的にも自立するにはとても大変なことです。自立するには、まず失敗を恐れないで勇気を持って行動し、小さな失敗を繰り返しながら、自分のことを信頼し、大丈夫という気持ちを持つことです。

　そして、この失敗経験や挫折経験というものは決して恥ずかしいことではなく、経験が多ければ多いほど初めて自分の適性や可能性を知ることもでき、人生の中でこのような経験がある人ほど現在も「希望」を持っている傾向があるのです。そして、将来に対して早い時期に実現見通しのある「希望」を持っている人のほうが、思い通りの人生にならない場合でも、現在に対する幸福を感じることが多いとも指摘しています。

　第5章で、ご両親や兄弟姉妹、親せき、バイト先の方などにヒアリングをしていただきましたが、全員が全員順風満帆な人生を送っているわけでもなく、思い通りの人生を送っている方はごく稀で、誰もが傷つきながら生きていることに気づいて頂けたのではないでしょうか。失敗経験や挫折経験を乗り越えてこそ、人は強くなり、失敗してくじけながら、一歩ずつ「未来」に向かって生きているのです。

　これから人生の一大イベントでもある、就職活動を迎えた際、思い通りにいかないことを体験して、「自己責任」という言葉通り、自分を責めて立ち止まってしまう方もいます。「自分が悪い」、「自分の努力が足りない」、「すべては自分に責任がある」と。20世紀最大の科学者であるアインシュタイン博士はこのような言葉を残しています。「どうして、自分を責めるのですか？　他人がちゃんと必要なときに責めてくれるのだからいいじゃないですか」と。もし立ち止まってしまって、身近な方やゆるいつながりの方にも相談しづらい時は、ぜひ下記のところを訪ねてみて相談してみてください。

立ち止まってしまったとき

■就職活動で困ったとき（新卒や若年者の能力向上、就職促進）
  ➡　各都道府県のハローワーク内にある**新卒応援ハローワーク**（履歴書、ESの書き方の指導から求人紹介）、**ジョブカフェ**（職場体験や職業紹介など）
■労働条件等で困ったとき
  ➡　各都道府県の労働局や各労働基準監督署内にある**総合労働相談コーナー**、（労働条件、募集、採用、いじめ、労働問題など）、**労働局雇用均等室**（職場での性別による差別、パートタイム労働者の均等、均衡待遇や正社員転換推進など）、**労働基準監督署**（賃金、労働時間など）、各都道府県の**労働局**（労働相談など）、**日本司法支援センター【法テラス】**（法的トラブルなど）

7-3 フォロワーシップについて

　キャリア教育に携わり、キャリアの歴史やキャリア教育が求められるようになった背景や、社会が若者や働く人に何を求めているのかを考えるようになり辿りついたのが、「フォロワーシップ」という考え方です。これからの時代では、「自分で自分のキャリアを創る」ことが求められ、希望も与えられるものではなく、自分たちの手で創り上げていく時代が到来した今、どのようなことを指針として生きていけばよいのでしょうか。この質問に少しのヒントを与えてくれたのがこの「フォロワーシップ」という考え方です。

　経営学の歴史の中で「リーダーシップ」については、数多くの学者が研究を積み重ねてきました。大半の方が生涯リーダーでもありフォロワー（部下と同義ではない）として過ごすのに対して、フォロワーの研究はあまりなされていません。あまり聞きなれない言葉だと思いますが、「リーダーシップ」に対して「フォロワーシップ」という分野を研究した第1人者がロバート・ケリーというアメリカの学者です。ロバート・ケリーは、フォロワーシップの基軸として「積極的関与」と「批判的思考」の2軸で分析しました。批判力というと、評論家的なイメージを持つかもしれませんが、これは自分が考えた建設的な意見を持っているかどうかということを意味しています。

　ロバート・ケリーは研究の成果として、次のように述べています。

> 「成功に対するリーダーの平均貢献度は20％に過ぎず、フォロワーは、残り80％の鍵を握っている。」
>
> （出所）ロバート・ケリー『指導力革命』

　つまりフォロワーがいかに組織にとって重要な存在であり、各人がリーダーと対等であると自覚することが重要なのだと言っているのです。ロバート・ケリーは、フォロワーシップの定義として、「リーダーに対する上向きの影響力」としています。また、最高のフォロワーとは、「自分で考え」、「建設的な批評をし」、「自分らしさを持っていて」、「革新的で創造的な」人であり批判力に優れ、「イニシアティブを取り」、「積極的に関与し」、「自発的に担当業務以上の仕事をする」人と述べています。逆に最低のフォロワーは、「するべきことを指示しなければならず」、「自分で処理ができず」、「考えない」人、「受け身で」「怠惰で」「常に監督を必要とし」、「責任を回避しようとする」人だとも述べています。

同様にフォロワーシップを研究しているアイラ・チャレフは、勇敢なフォロワー（組織のために必死で働くリーダーを支えるためにどんな力が必要でどんな義務を負っているのかという考え方）に求められる5つの勇気について述べています。

■責任を担う勇気

　勇敢なフォロワーは、自分自身と組織に対する責任を引き受ける。共通目的を理解し、<u>当事者としての責任を果たす</u>。

■役割を果たす勇気

　勇敢なフォロワーは、リーダーを支えるために必要であれば<u>困難な仕事もいとわず</u>、リーダーの負担を軽減して組織の役に立つために、今まで以上の責任を進んで引き受ける。

■異議を申し立てる勇気

　勇敢なフォロワーは、リーダーや組織の行動や方針が自分の道義的観念と<u>食い違う場合、自らの考えを表明し、異議を申し立てる</u>。組織の調和とリーダーとの関係を尊重するが、<u>共通目的と自分自身の誠実さ</u>を犠牲にしない。

■改革に関わる勇気

　勇敢なフォロワーは、<u>改革の必要性</u>に気づき、リーダーや組織と<u>団結して</u>本格的な<u>困難に立ち向かう</u>。

■良心に従って行動する勇気

　勇敢なフォロワーは、<u>道義的に好ましくない状況の場合</u>、<u>リーダーと反対の態度をとるべきときを心得ている</u>。<u>高い価値観に従って行動し</u>、上司の命令に従わなかったり、さらにその上の上司に不当を訴えたりすることもある。

（出所）アイラ・チャレフ『ザ・フォロワーシップ』

　まず「勇気を持つ勇気を持つこと」、「当事者意識を持って」、「誰かと一緒に困難に立ち向かうこと」、そして何より「自分を信じること」が大切です。自分を信じることを「自己信頼」と言いますが、難しく考えすぎず、どんな時でも「大丈夫」「何とかなる」というオープンマインドの気持ちを忘れずに、ウィークタイズ（ゆるいつながり）を大切にして、勇気を持って一歩踏み出してください。この5つの勇気はどちらかというと、社会に出てからの勇気になるかと思いますが、皆さんは周りの環境が「変わる」のを待つのではなく、自らの行動や思考を「変える」勇気を持ってあと一歩だけ前に進むことを日々の生活の中で実践してみてください。

おまけ

今年の漢字と流行語大賞

年度	今年の漢字	流行語大賞
1995年	震	無党派
1996年	食	「自分で自分をほめたい」
1997年	倒	失楽園（する）
1998年	毒	ハマの大魔神、「凡人・軍人・変人」、「だっちゅーの」
1999年	末	雑草魂、ブッチホン、リベンジ
2000年	金	「おっはー」、IT革命
2001年	戦	米百俵、聖域なき改革、恐れず怯まず捉われず、骨太の方針、ワイドショー内閣、改革の「痛み」
2002年	帰	タマちゃん、W杯（中津江村）
2003年	虎	毒まんじゅう、なんでだろうー、マニフェスト
2004年	災	チョー気持ちいい、気合いだー！
2005年	愛	小泉劇場、想定内（外）、クールビズ
2006年	命	イナバウアー、品格、エロカッコイイ（エロカワイイ）
2007年	偽	（宮崎を）どげんかせんといかん、ハニカミ王子
2008年	変	アラフォー、グー！、上野の４１３球（特別賞）
2009年	新	政権交代、（こども店長、事業仕訳、新型インフルエンザ）
2010年	暑	ゲゲゲの、（いい質問ですねぇ、イクメン、AKB48）
2011年	絆	なでしこジャパン、（絆、スマホ、どじょう内閣）
2012年	金	ワイルドだろぉ、（ips細胞、維新、LCC、終活）
2013年	輪	今でしょ、お・も・て・な・し、じぇじぇじぇ、倍返し（ブラック企業、アベノミクス）
2014年	税	ダメよ〜ダメダメ、集団的自衛権（ありのままで、カープ女子、壁ドン、妖怪ウオッチ）
2015年	安	爆買い、トリプルスリー、（安心して下さい、穿いてますよ、一億総活躍時代、五郎丸、ドローン）
2016年	金	神ってる、（聖地巡礼、トランプ現象、ポケモンGO、（僕の）アモーレ、PPAP）
2017年	北	インスタ映え、忖度、（３５億、ひふみん、〇〇ファースト、プレミアムフライデー）
2018年	災	そだねー、（eスポーツ、半端ないって、おっさんずらぶ、ボーっと生きてんじゃねーよ！）
2019年	令	ONE TEAM（ワンチーム）、（計画運休、軽減税率、スマイリングシンデレラ/しぶこ、闇営業、令和）
2020年	密	３密、（愛の不時着、あつ森、アベノマスク、GoToキャンペーン、鬼滅の刃）
2021年	金	リアル二刀流/ショータイム、（うっせぇわ、Z世代、黙食、親ガチャ、人流）
2022年	戦	村上様、（キツネダンス、知らんけど、ヤクルト1000、悪い円安）

（　）内は1位以下の流行語

（出所）公益財団法人日本漢字能力検定協会HP、自由国民社http://singo.jiyu.co.jp/

Question 2

昨年度の「今年の漢字」は？

昨年度の「流行語大賞」は？

Question 3

第5章の「5-3　簡易企業・職種研究」Question 8の課題をグループ5～6名で共有してください。1人5分間で説明してください。

Question 4

昨年度の10大ニュースについて調べてみましょう。

1位 _____

2位 _____

3位 _____

4位 _____

5位 _____

6位 _____

7位 _____

8位 _____

9位 _____

10位 _____

その他気になったニュース

_____

7-4　学びについて

学生のもっとも大切なお仕事は、「学ぶ」ことです。小学校や中学校、高等学校では、学ぶことを習って学ぶ「学習」あるいは学んだことを修める「学修」と言いますが、進学率が50%を超える高等教育機関では、学ぶことを「学問」と言います。

先生や大人たちからさまざまなことを習ったり、それをしっかり自分のものとして身に付けたりすることが今までの「学び」の考え方ですが、現在の皆さんにとっての「学び」は、世の中で起こった（起こっている）現象やこれから起こり得るべき現象について好奇心を持って、疑問を持って考えるということです。

茶道や武道では「守破離」という教えがあります。

「守」…
師に教えられたことを正しく守り修業しそれを身に付けること
「破」…
師に教えられしっかり身に付けたことを自らの特性に合わせ自らの境地を見つけること
「離」…
大成し、独自の境地を拓いて一流を編み出すこと

まずは、師匠に教えてもらった型を守り修業してそれを身に付け、その後研究をして自分に合った型を自ら考え工夫して作っていき、最後には師匠のもとを離れて自分らしさを追求していくこととされています。皆さんの「学び」もまさにこの守破離の考え方と同じなのではないでしょうか。

今学んでいることが、どのように将来に役立つのか、必要ないものばかりじゃないのかと思われる方もいるのではないでしょうか。皆さんの職業選択に関しては、多様な選択肢があり、何を選ぶかによっては業務上必要のないものも多くあるかもしれません。

大切なことは、疑問を持って考え、行動するということを習慣化するということです。ロバート・ケリーが言うように、社会にとってこれから必要とされなくなる人は、「するべきことを指示しなければならず」、「自分で処理ができず」、「考えない」人、「受け身で」「怠惰で」「常に監督を必要とし」、「責任を回避しようとする」人です。

京都大学の溝上慎一先生の調査結果によれば、7割の大学生は「将来の見通し（キ

ャリアデザイン)」を持っているが、それを実現するために日常生活の中で行動している割合は2割しかおらず、「学生の将来やキャリア」と「学び」の接続の重要性を指摘しています。

　今学んでいることがどのようにこれから必要になっていくのか、直接必要でなくても「学び」と「職業」をつなぐ大切な架け橋のようなものが、私は「キャリア教育」だと思っています。キャリア教育は、講義式の一方的かつ受け身のものではなく、教養教育や専門教育との架け橋でもあり、学生が自ら考え、一歩前に踏み出せる行動を促進できるような能動的な「学び」につなげることを目指しているのだと思っています。最近では、教育の手法として、アクティブラーニングやPBL（Project - Based Learning）などを取り入れている大学も多くなっていますし、グループワークやディスカッション、ディベートなど、実践的な学びの場を提供している大学も多くなっています。教育学では、「learning by teaching」という考え方があります。自分で学んだことを他者に教えるということが最も優れた学び方だというものです。人に教えるためには、教える内容についての知見は当然のことながら、教えっぱなしではなく相手が理解できるような話し方や技術も必要です。また、それなりに準備が必要ですし、自分がわからないことを調べることだってすると思います。こういった行為が、知識の定着という点では最も優れているのです。

　ヘルマン・エビングハウスというドイツの心理学者の忘却曲線によると、人の記憶は20分後には42%を忘却し、1時間後には56%、1日後には74%忘却してしまうと述べています。人の記憶力というものは、1日経てばほとんど忘れてしまうということです。忘れないためには、繰り返し復習したり、人に話してみたり、教えてみたりということを反復することが大切なのでしょう。

　ドナルド・スーパーの「ライフ・キャリア・レインボー」で説明したように、学生という役割は高等教育機関までのことではなく、30歳、40歳の半ばや50歳に再度「学ぶ人」の役割が大きくなるという生涯学習の考え方が示されていました。皆さんは、大人になってもまた学びたいという気持ちが必ず芽生えてくると思いますし、そのためにも本来の学生である間に、学び方を学ぶこと、問い続けること、自分の引き出しを多くすることをぜひお勧めします。また、個人的には、学生時代の時間がある間にたくさんの本を読んでみたり、映画やミュージカルや芸術などに触れる機会を持つこと、国内外の旅行、そして仲のよい友だちだけでなく、年代も考え方も異なる方々とたくさんつながり（ウィークタイズ）を持ってみてください。これは、アインシュタイン博士の言葉です。

「教育のもっとも重要なことは、生徒に実際にやってみようという
　気持ちを起こさせること。
　　そして、学業や人生におけるもっとも重要な動機は、
　　　仕事とその結果とに対する愉悦と、その結果が社会に対して
　　価値をもつことを知ることです。」

「教育とは、学校で習ったことをすべて忘れてしまった後に、
　　　　　　　　　残っているところのものである。」

（出所）アインシュタイン『晩年に想う』

　この本は、初めて真剣に「キャリアを考える」方に向けて、ワークブック形式であまり肩肘張らずに考えられるように心がけて書いてきました。一度立ち止まって自分の轍を振り返ってみたり、将来のことを考えてみたりすることはとても大切なことですが、四六時中考える必要はなく、普段は、学生時代にしかできない自分にとって大切なことに時間を費やしていただきたいと思います。50年以上も前に発刊された『21世紀への階段－40年後の日本の科学技術－』という本に、当時の科学者や技術者の熱意と情熱が凝縮した何でもある現在の日本の姿の「未来予想図」が描かれておりますが、この半分以上の予見を現実のものにするには、幾度となく先人の失敗経験が積み重ねられて実現しているのです。皆さんには未来の輝く「希望」に向かって、失敗を恐れないで、小さな誇りを持ちながら、一歩一歩、上を向いて新たな時代を創っていってもらいたいと思っています。

「子どもには身をもって体験させることが大切だと思う。
　　失敗することだって、大切な経験。
　　　何度も失敗して痛い思いをするうちにいつのまにか
　　できるようになっているものなのだ。
　　　三振したっていいじゃないか、今度こそホームランを
　　打ってやる。そういう気持ちで思い切り振ればいい。
　　　今は大人も子どもも失敗を恐れる。
　　　それじゃ、いつまでたってもホームランは打てない。」

（出所）王貞治『日本人の忘れもの「失敗を恐れるな」』

第8章　キャリア理論

8-1　キャリア研究

　この章では、いくつかのキャリアに関する理論を紹介します。これまでも理論を紹介してきましたが、全てが全てしっくりくるものではないと思います。いつの日かキャリアについて真剣に考え、考えてはみたものの悩んで立ち止まってしまったとき、自分に必要だと思える理論を思い浮かべて、ちゃんと自分と向き合って考える道しるべにしてみてください。

　キャリア研究は、「キャリア（career）」という言葉を対象にして、学問領域（教育学、心理学、労働経済学、社会学、経営学などの垣根を超えた学際的な研究分野）や仕事領域の枠を超えて、領域学として多面的にアプローチする分野になります。

　2014年に開催された「日本キャリアデザイン学会10周年記念大会」において、法政大学の佐藤厚教授がキャリア研究のフレームワークについて説明されました。

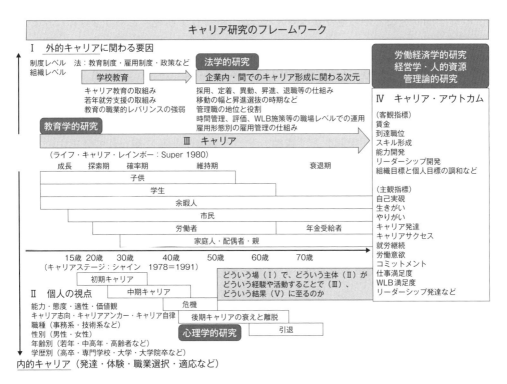

（出所）佐藤厚（2013）より筆者作成

佐藤教授によれば、キャリアには外的キャリア（職種、地位、年収や法律、学校の規則、会社の社内規則や管理職の地位、雇用に関する仕組みなど）と、内的キャリア（個人が持つ価値観やキャリア志向、満足度、やりがい、使命感、態度・適性や能力など）があります。

　キャリア研究とは、Ⅰどういう場で（学校や組織など）で、Ⅱどういう主体が、Ⅲどういうキャリア（経験や活動）を積むことで、Ⅳどういう結果に至るのかを理論的、実証的に考察することだとしています。また、このフレームワークでは、第3章で説明した「ライフ・キャリア・レインボー（スーパー）」と後述する「キャリア・ステージ（シャイン）」を組み合わせて、人のキャリアの発達段階を捉えています。

　人はこの世に生を受け、子供として育ち、いずれ学校で学び、社会に出て働き、いずれ引退して人生を閉じていく中で、家庭環境から強く影響を受け、法律や学校の規則、組織での制度や仕組みに影響を受けながらも、人はキャリアの内的な面を大切にしながら生きていくものだと述べられました。また、このキャリアという概念には、先の2つの理論にもあるように「時間軸」が存在しています。

　先程「キャリア研究」は学際的な分野だと述べましたが、キャリアという言葉を中心に、法学的研究、教育学的研究、労働経済学的研究、経営学・人的資源管理論的研究、心理学的研究などから成り立っているのが「キャリア研究」という分野になります。

　第2章において、キャリアの定義として、「キャリアとは生涯過程を通して、ある人によって演じられる諸役割の組み合わせと連続（Super,1980）」と「キャリアとは、ある人の生涯にわたる期間における、仕事関連の諸経験や諸活動と結びついた態度や行動における個人的に知覚された連続である（Hall,1976）」の2つを紹介しました。この2つの定義では、「生涯」と「連続」という言葉が共通に使われています。

　個人が現在の状況や行動を過去・未来の出来事に関連づけたり、意味づけたりする心理的な働きのことを、心理学では「時間的展望（time perspective）」と呼びます。キャリアを考えるとは、現在と過去を参考にしながら将来を展望することであり、過去と現在と未来をつなげる行動や態度のことです。キャリアをデザインすることあるいはキャリアをプランニングするということは、将来に見通しをつけるということでもあります。

　神戸大学の金井教授によれば、「キャリアとは、就職して以降の生活ないし人生（life）全体を基盤にして繰り広げられる長期的な仕事生活（work life）、具体的な職業・職種・職能での「諸経験の連続」と「節目での選択」が生み出していく、回顧的展望と将来構想のセンス・メイキング（意味生成、腑に落ちること）・パターン」の

ことであると定義しています。

　金井教授は、節目や移行期のときはキャリアを強く意識してデザインすべきもの
で、それ以外のときは「ドリフト（drift）」（デザインの反対語）つまり、流される
（クラゲのように生きる）のもよしと述べています。節目や移行期（トランジショ
ン）については後ほど述べます。まずは、最初にキャリア・サイクル・モデルについ
て学んでいきましょう。

▌ 8-2　キャリア・サイクル・モデル

　第3章で、MIT（マサチューセッツ工科大学）スローン経営大学院のシャイン名
誉教授の3つの問いについて触れました。キャリア論の大御所ともいえるシャイン
は、「組織心理学」という言葉の生みの親であり、MITでは「X理論・Y理論」で有
名なダグラス・マクレガーと共に研究活動をしてきた方です。

　シャインは『組織心理学』（岩波書店）において、組織論における人間のモデル
（経済人モデル、社会人モデル、自己実現人モデル、複雑人モデル）を提示しました。

　シャインの人間モデルにおいては、経済人モデルはテイラー（F.W.Taylor）の科
学的管理法、社会人モデルはメイヨー（George Elton Mayo）のホーソン実験（人間
関係論）、自己実現人モデルはマクレガー（Douglas Murray McGregor）のY理論、
マズロー（Abraham Harold Maslow）の欲求5段階説などが土台となっています。

①経済人モデル

　アメリカにおいては20世紀初頭に経営学が成立したとみるのが一般的ですが、1911
年にテイラー（F.W.Taylor）が著した「科学的管理法」が源流とされています。

　テイラーは元々機械工からキャリアをスタートしますが、その後ある企業の職場の
組織の長になり、「生産性の向上」と「賃金の向上」の両立に努めました。工業化、
機械化が進展するなか、劣悪な労働条件（低賃金、長時間労働等）のもと未熟練労働
者層が形成されて怠業が蔓延し、この状況を改善するために課業管理、作業の標準
化、出来高賃金などの改善を行いました。当時の人間モデルは、「人が仕事をするの
は、賃金という経済的報酬によるものだ」という「経済人モデル」でした。

②社会人モデル

　人は経済的報酬だけでなく、社会的欲求（何らかの社会集団に所属して安心感を得
たい）の充足を求めるものであるとする人間モデルが「社会人モデル」です。

このモデルはメイヨーが1927年に実施した電話機製造会社のウェスタン・エレクトリック社のホーソン工場での実験が土台となっています。この実験より、メイヨーは、人は経済的報酬より、社会的欲求の充足を重視し、感情や非公式組織に影響されやすく、「人間関係論」によるマネジメントを提唱しました。日本の企業組織は特に人間同士の関係性やチームワークを大切にしてきましたが、この「人間関係論」によるマネジメントこそが日本の強みにつながっていたことが伺えます。

③自己実現モデル

　第1章で少し触れましたが、マズローは人間の欲求の階層（欲求5段階説）として、（1）生理的欲求、（2）安心・安全欲求、（3）社会的欲求、（4）自我・自尊欲求、（5）自己実現欲求—を提示しました。（1）の生理的欲求から（4）の自我・自尊欲求までは、欠けているものを満たしてあげれば満足できる欠乏欲求（Deficiency-needs）と呼ばれています。お腹が空いていれば何かを食べる、どこかの社会集団に所属してチームワークを大切にしたい人はそのような会社を探して就職する、褒めてほしい人にはたくさん褒めてあげるなど、欠落している欲求（動因）に対して欲しい気持ちを満たすもの（誘因）を与えれば満足はします。しかし、（5）の自己実現欲求のみは存在欲求（Being-needs）と呼ばれており、自分の成長が感じられ、自分の顕在・潜在能力が仕事に発揮されて達成感を感じたり、喜びを感じたりするといった内的報酬を得ることになりますので、誰かが与えられるものではありません。仕事の意義ややりがいなどを重視する人間モデルが「自己実現モデル」です。

　マクレガーの「X理論・Y理論」における人間の特徴は、以下のように捉えています。自己実現モデルは、このマクレガーのY理論に基づいています。

X理論に基づく人間観：
①人間は生来仕事が嫌いで、できることなら仕事などしたくないと思っている。
②人間は強制されたり、統制されたり、命令されなければ十分な力を発揮できない。
③人間は命令されるのが好きで、責任をとりたがらず、野心を持たず、安全を望んでいる。

Y理論に基づく人間観：
①人間は目標のために一生懸命働く。
②人間は条件次第で責任を引き受けるばかりか、自らすすんで責任をとろうとする。
③人間には創造力があり、創意工夫をこらす能力が備わっている。

出所：ダグラス・マクレガー、『企業の人間的側面』、産業能率短期大学出版部、1966年

④複雑人モデル

　さらにシャインは、人間モデルとして「複雑人モデル」を提示しました。組織が個人をどう捉えるかについて前述の3つのモデルにおける個人のモチベーションの源泉は、「経済人モデル」であれば賃金という経済的報酬、「社会人モデル」であれば集団に所属し人間同士の関係性やチームワークを重視すること、「自己実現人モデル」であれば高次な欲求である自己実現欲求を満たす自己の成長や充足感に重きを置いています。しかしシャインは、特定のモデルのみにとらわれるのではなく、個人の発達段階や生活の状況によって変化するものであり、個人や状況や時によって異なる複雑さを認めようとしたのです。経済人モデルの考え方の人もいれば、社会人モデルや自己実現モデルの考え方の人もいる。同時に全てに動機付けされる人もいれば、その時々の状況によって変化する人もいる、という複雑かつ多様な個人に合わせて、個人の特性やキャリアのどの段階なのかによってマネジメントしていくことが重要であることを示したのです。

　シャインは、個人がキャリア発達において遭遇し経験する段階と課題を明らかにし、共通要素を探し出すことで1つの目安を示しました。これが「キャリア・サイクル・モデル」です。しかし、年齢域はきわめて広く、組織で働く人を対象としているため、性別・年齢・地位や専門職や個人事業者あるいは現在のキャリア観にはあてはまらないこともあります。自分の段階を客観的に見つめ直す際の目安にしてみてください。

キャリア・サイクルの段階と役割

段階	年齢	役割/内容
成長・空想・探求	0～21歳	学生、大志を抱く人、求職者
		職業選択のための準備段階
仕事の世界へのエントリー	16～25歳	新人、新入者
		組織ないしは職業のメンバーになる時期
基本訓練	16～25歳	初心者
		仕事の現実にリアリティショックを受けることもあるが、徐々にメンバーとして認められる時期
キャリア初期	17～30歳	新しい正式メンバー
		徐々に責任のある仕事をするようになり、成功経験、失敗経験を繰り返す時期
キャリア中期	25歳以降	雇用されたメンバー、監督者、管理者
		スペシャリスト、ジェネラリストのどちらの方向に進むかを決め、組織のなかで明確なアイデンティティを確立する時期
キャリア中期の危機	35～45歳	雇用されたメンバー、監督者、管理者、重要メンバー、全般管理者、貢献者
		自分のキャリア・アンカー（自己の才能、動機、価値）を知り、現状維持か、キャリアを変えるか、新たな手ごたえのある仕事に進むか決める時期
キャリア後期	40歳～引退	重要メンバー、経営メンバー、貢献者あるいは役立たず／　全般管理者、幹部、社内企業家
		今までの経験を活用し、指導的役割を果たし（他者を動かし、導き、指図する）たり、個人の技術をさらに深め組織に貢献する時期。また、仕事以外の成長も求める時期
衰え及び離脱	40歳～引退	ワークライフバランス再考者
		組織内での権力、責任、個人の能力、モチベーションの減退を受け入れ始め、引退の準備を始め、ワークライフバランスを考え始める時期
引退		職業ないしは組織からの退出者
		引退し、個人のライフスタイル、役割、生活の変化に適応し、アイデンティティや自尊心を重視する時期

＊このモデルは、1971年に作成されたもので当時の組織等で働く人が対象となっており、現在のキャリア観ではあてはまらない場合もある。

出所：エドガーシャイン『キャリア・ダイナミクス』から筆者作成

前節ではシャインによるキャリア・サイクルの段階をお伝えしましたが、スーパーもキャリア発達段階（Career Development Stage）の「ライフ・ステージ」を提示しています。

スーパーは、主要なライフ・ステージを成長段階（0歳から14歳）、探索段階（15歳から24歳）、確立段階（25歳から44歳）、維持段階（45歳から64歳）、解放段階（65歳以上）の5段階に分類しました。この成長、探索、確立、維持、解放の段階を「マキシ・サイクル（maxicycle）」と呼んでいます。人は出生して死に至るまでにさまざまな段階があるため、キャリア発達（development）という概念には、「時間軸」が存在しています。さらに、スーパーはそれぞれの発達段階の間に、「節目・転機・移行期（トランジション）」があるとしたのです。

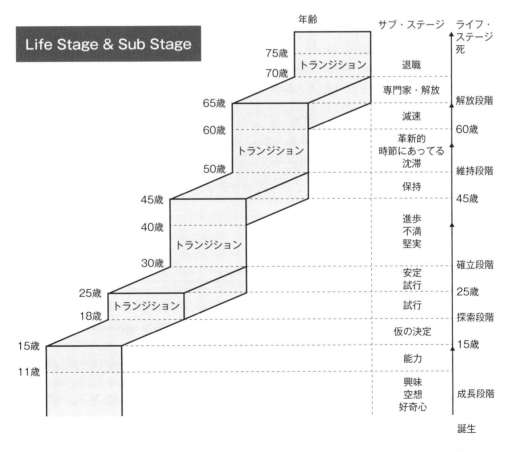

（出所）渡辺三枝子『キャリアの心理学』より筆者作成

この図においては、18歳から25歳（学校から社会に出るタイミング）、次に30歳から40歳（仕事が順調になり、人生の折り返し地点に今後のキャリアを考えるとき）、そして50歳から60歳（定年を迎えるにあたり、仕事をいつまで続けるのか、あるいはライフキャリアも含めてどういう人生を過ごすかを考えるとき）、最後が70歳以降（死と向き合いどのように人生を閉じていくかを考えるとき）の４つがあるとしています。

　「キャリア（career）」には職業生活上の活動と経験の進展のパターンである「ワークキャリア（Work Career）」と職業生活、家庭生活、地域社会や友人との関係などを含む、個人の生涯にわたる生活空間の広がりのある「ライフキャリア（Life Career）」があることを以前にお伝えしました。キャリアを考えるとは、皆さんが生きていく過程において起こる（起こりうる）イベントに対してどのように向き合うか、どのように考えて行動するかという意味も含まれています。

　第３章でシュロスバーグ（Nancy K. Schlossberg）のトランジションの３つの分類を紹介しました。皆さんにはこれからの人生の中でさまざまなイベントとノンイベントがあり、その時々で悩み、苦しみ、喜びを感じる機会が訪れます。スーパー（Donald E. Super）は、先ほどの４つのトランジションの際には、一度立ち止まり、過去・将来についてしっかり考える時期であるとしているのです。

　皆さんが就職活動を始めるにあたり、将来のワークキャリアを考える際には、シャインの示した３つの問い、（1）才能と能力（can）についての自己イメージ、（2）動機と欲求（want）についての自己イメージ、（3）態度と価値（value）についての自己イメージという自分についての主観的な理解を深めることになります。

▌8-4　キャリア・アンカー

> 　すべての企業が、必要なインプットを市場から買ってきて、それに自分が得意とする「技術的変換」を加えて、その結果として生まれてくる製品やサービスを市場で売っている。
> 　誰にでも容易に手に入る財やサービスであれば、とくに企業が存在してその提供を業とする必要はない。
> 　その提供プロセスが難しいからこそ、その困難さを解決する努力が企業の「技術的変換」となるのである。
>
> 出所：伊丹敬之、加護野忠男、『ゼミナール経営学入門』

すべての企業は市場からインプット（資金を集め、労働の提供者を雇い、原材料や商品・情報を買う）を準備し、それにその企業が得意とする「技術的変換（加工したり、サービスを付加して）」を加えて、その結果として生まれた製品やサービスを市場で売ることにより付加価値を提供することで成り立っています。図に示すと以下のようになります。

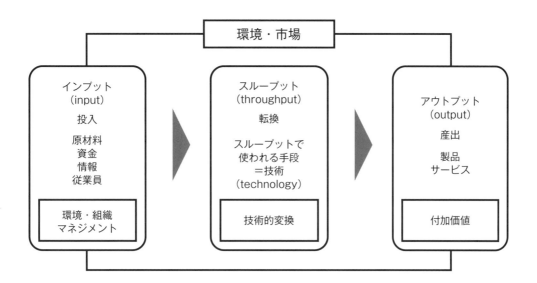

キャリアについて考える際に、仕事における主観的なセルフイメージを確立しなければなりませんが、第3章で説明した、3つの問いについて内省することがキャリアの基盤をつくることになります。

■「才能と能力に関する自己イメージ（can）」：自分は何ができるのか？自分の得意なことは何か、苦手なことは何か。

■「動機と欲求に関する自己イメージ（want）」：自分の本当にやりたいことはいったい何なのか。仕事を通じて何をしたいのか。

■「意味と価値に関する自己イメージ（value or must）」：どのようなことをやることに価値（value）を感じるか。何をやっているときに充実しているか。自分は何をすべき（must）か（企業の場合）。

この3つの問いに向き合うことで、自らのキャリア・アンカーを確かめることができるとしているのです。

第6章でも触れたように、これから皆さんが飛び立とうとしている社会はとてつもないスピードで変化していますし、AI（人工知能）の技術はますます進んでいくこ

とが予期されます。しかし、AIにはできず人間にしかできないものは、まだまだたくさんあります。

　今までのキャリア教育では、3つの問いの「want（何がしたいか）」を重視する傾向があったと思います。個人の自己実現を達成することはとても大切なことですし、なぜ働くのかという問いに対して内的報酬は最も大きな源泉となります。そして、その答えはご自身の中にしかありません。

　シャインが示すように、現在は個人も複雑な存在となっており、個人の発達段階や生活の状況によって変化していて、個人や状況や時によって異なる複雑さがあります。複雑な時代であるからこそ、その時代や求められることに適応していくことも大切になってきます。さきほど企業の「技術的変換」について触れましたが、みなさんが存在するからこそできる仕事とはいったい何でしょうか。皆さんが、今までに経験し、できるようになった強みは何でしょうか。

　企業の活動を皆さんに置き換えてみると、小学校、中学校、高等学校、大学等で学んできた知識や、部活動、アルバイト、サークル活動、ゼミ活動など、さまざまな経験などのインプットを駆使して、自身の技術（強み）を活かし付加価値を提供することによって、収入を得ることになります。自身の強みを磨くためには、まずは5年後、10年後の将来像を考えてみて、その理想に近づくために「今何をできるようになりたいか」を考え、行動に移す長期的な戦略が必要になります。何をしたいかを考える前に、何をできるようになりたいかをまずは考えてみてはいかがでしょうか。

　これからは、AI等との共存の時代になることが予期されます。AIにできることはAIに任せて、人間ができることに注力することが求められます。そのためにも、長期的な将来像に向けて、今一生懸命頑張って「できること」を増やしていき、自身の引き出しを増やしていくことが大切だと思います。

　アンカーとは、船をしっかりと停留するために使われる「錨」のことです。皆さんがキャリア選択の際に最も大切にしていてどうしても譲れない「能力や才能・動機や欲求・価値観など」のことを、シャインは「キャリア・アンカー」と言いました。当初シャインは、5つのパターンを認めましたが、後に、奉仕/社会貢献、純粋な挑戦、および生活様式を加えた8つのアンカーを提示しています。

専門的/職能的能力 （TF）	全般管理能力 （GM）	自律・独立 （AU）	安全・安定 （SE）
起業家的創造性 （EC）	純粋な挑戦 （CH）	奉仕・社会貢献 （SV）	生活様式 （LS）

　アンカーは教育歴や、少なくとも10年以上の仕事経験の積み重ねによって形成されると言われていますので、学生の方にとって今はピンとこないかもしれません。実際に働き始めてから立ち止まってしまったときに、自分の譲れないものが何かを確認したい際にこの項目を活用してみてください。

■専門的/職能的能力（TF:Technical/Functional Competence）
　特定の仕事について高い才能と意欲を持ち、専門家として能力を発揮することに充足感を覚えるタイプ。

■全般管理能力（GM:General Managerial Competence）
　経営側に立つことに価値があると考え、ゼネラル・マネージャーや経営者を目指す「出世志向」が高いタイプ。専門能力の必要は認めつつも、企業の経営に求められる全般的な能力の獲得を重視する。

■自律・独立（AU:Autonomy/Independence）
　どのような仕事でも自分のペースやスタイルを守って仕事を進めたいタイプ。自分のペースで仕事をしたい、納得のできるやり方で進めたい、人の力を借りずにひとりで仕事をしたいと感じるタイプ。

■安全・安定（SE:Security/Stability）
　安全・確実で、将来の変化もほぼ予測することができ、ゆったりとした気持ちで仕事に臨みたいと考えるタイプ。保障や安全性を最優先する堅実派。

■起業家的創造性（EC:Entrepreneurial Creativity）
　新しいものを作り出していくことにやりがいを感じ、新しい製品やサービス、システムを開発したり、資金を調達して組織を立ち上げたり、既存事業の買収・再建など

に燃えるタイプ。

■純粋な挑戦（CH:Pure Challenge）

　誰もが無理だと思うような障害を乗り越え、解決不能と思われていた問題を解決することに喜びを感じるタイプ。あえて困難に飛び込むので、得意・不得意や専門性を問わず、難しい仕事に挑戦したがるタイプ。

■奉仕・社会貢献（SV:Service/Dedication to a Cause）

　自分は仕事を通して世の中をよくしたいという価値観を持つ人。「世の中のためになるかどうか」をもっとも重要な価値判断とするタイプ。

■生活様式（LD:Lifestyle）

　仕事とプライベート、企業人としての自分と一個人の自分のどちらも大切にしたいと願い、両者のバランスを常に考えているタイプ。

▌8-5　計画された偶発性理論

　意志決定のプロセスに関する研究を精力的に行ったジェラット（Harry B. Gelatt）は、キャリア選択をする際の意志決定は合理的な意思決定だけでなく、直感や非合理的な意志決定も重要として「**積極的不確実性（Positive Uncertainty）**」という理論を唱えました。未来の予測が難しい現在においては、その不確実性を積極的かつ柔軟に捉えることが未来を創造する原動力になり得るとしたものです。

　このジェラットの研究を受けて、1999年に発表されたのがクランボルツ（John. D.Krumboltz）の「計画された偶発性理論（Planned Happenstance Theory）」です。キャリアの80%は予期しない偶然の出来事によって支配されていると述べました。また、クランボルツは、フランスの生化学者のパスツールの「**チャンスはそれを迎える準備のできている人にだけやってくる**」という言葉を引用して、「**偶然は必然である**」とも述べています。予期しない偶然の出来事にキャリアは支配されているのであれば、予期せぬ偶発的な出来事を意図的に生み出せるように、積極的に行動して、自分のキャリアを創造する機会を創り出すことが重要だと唱えたのです。

　クランボルツは、偶然を積極的に創り出し、活用できるようにするための5つのヒントを与えてくれました。偶然を待っているのではなく、行動を起こして、気づかな

い間に通り過ぎてしまう「偶然」を引き寄せるための５つの指針とも言えます。

▶好奇心（Curiosity）：好奇心を持ち、広げる
▶持続性（Persistence）：すぐに諦めず、やり尽くしてみる
▶柔軟性（Flexibility）：状況の変化に伴い変化していく
▶楽観性（Optimism）：大丈夫という気持ちを忘れない
▶リスク・テイキング（Risk-Taking）：失敗はするものだと考え失うことより新しく得られるよう行動する

（出所）ジョン・クランボルツ『その幸運は偶然ではないんです』

8-6 トランジション

　トランジションとは、日本語では「転換期」、「転機」、「過渡期」、「移行」、「変わり目」のことを指します。人生の中でさまざまに起こる出来事、「入学」、「卒業」、「就職」、「結婚」、「子どもの誕生」、「転職」、「家の新築」、「失業」、「昇進」、「転勤」、「異動」、「病気」などの大きな出来事がトランジションだとも言えます。前述のシュロスバーグは、トランジションを①自分で選んだ転機、②突然の転機（予期せぬことが起きる時）、③ノンイベント（あることが起きて欲しいと期待していたが起きなかったこと）があるとしていましたが、もう１つ、転機を待つ「人生のおあずけ」という特殊な状況もあると指摘しました。

　トランジションを研究したウィリアム・ブリジッスは、人生の転機や節目のプロセスを３つのステップで説明しています。

■第一ステップ：「何かが終わる時期」

　私たちが「始まり」と呼んでいるものは、しばしば「終わり」でもあり、何かを終わらせるということは、何かが始まるということでもあり、終わりはそこから始まるスタート地点だと言っています。トランジションの最初の課題は、新しいことを始めることではなく、古いものを捨て去ることだと唱えました。

■第二ステップ：「ニュートラル・ゾーン」

　ある状態が終わったとき、すぐには次の新しいスタートには踏み切れないことがあ

ります。シュロスバーグの「人生のおあずけ」ともいうべき時期なのかも知れません。ニュートラル・ゾーンは、トランジションの過程の中では、重要な部分ではないとしていますが、その間の喪失状態や空虚感を無視したり、押し潰されてしまうと、このプロセスがもたらしてくれる贈り物や精神的な豊かさを得る機会を逸してしまう可能性が高いとし、次の新しい「始まり」を迎えるためにもこのニュートラル・ゾーンで立ち止まり、人生の新たな視点を身につけることが重要としています。ブリッジスは、この時期に何をすべきかというヒントをいくつか挙げています。①一人になれる時間と場所を確保する、②この機会に本当にしたいことを見つける、③もし今死んだら心残りは何かを考えるなどです。

■第三ステップ：「何かが始まる時期」

　実際の「始まり」は、それとなくあまり印象に残らない形で生じるとしていますが、最初はあまり準備せずに行動して何かをやってみることが重要だと言っています。もう少し準備をしておこうと考えた時点で、もう少し、もうちょっと後にと先延ばしにして、準備万端になるまで始まらないことが多く、始まると感じたときに、何かの準備をするのではなく、ただ実行することが大切なのです。そして、後に一度立ち止まって新しい「始まり」を確認して、一歩ずつ目標に向かってなすべきことを進めていくことがこのステップです。

　また、ブリッジスはトランジションの法則として、①すべてのトランジションは何かの「終わり」から始まり、新しいものを手に入れる前に、古いものから離れなければならない。②まず何かの「終わり」があり、次に「始まり」がある。そして、その間に重要な空白ないしは休養期間があるとしています。

　私たちが「始まり」と呼ぶものは、しばしば「終わり」でもあり、何かを終わらせるということは、何かを始めることでもあります。「終わり」とは、そこからスタートする場所でもあるのです。つまり、「終わり」から「始まり」という工程は、人が変化し成長する過程でもあるのです。

　特に、ニュートラル・ゾーンは、苦悩の時期でもありますが、人生の他のどこでも得ることのできない視点を提供し、その視点からキャリアを見直す真の知恵を生むともブリッジスは述べています。苦悩の時期が訪れたら、悩んで、悩んで、悩むこと。そうすれば必ず新しい道が開かれると信じて、一生懸命悩んでみてください。

8-7 キャリア構築理論

次に紹介するのは、ノースイースタン・オハイオ大学教授のサビカスが提唱したキャリア構築理論（Career Construction Theory）です。自分で自分のキャリアを創るには、日々変わりゆく仕事の環境や経済環境、また相手（会社など）の変化に対応することが大切になってきます。凄まじいスピードで変化していく状況に対して、自分のキャリアを適応（adaptability）すること、いざという時の準備をしておくこと、その能力を備えておくことを示唆した理論がキャリア構築理論です。そして、その中で「キャリア・アダプタビリティ」の重要性を説いています。

キャリア・アダプタビリティとは、現在および今後のキャリア発達上の課題や職業上のトランジション、そしてトラウマに対処するためのレディネス（準備）およびリソース（情報資源）のことです。

サビカスは、どのようにして職業を選択し、適応していくのかについて、キャリア・アダプタビリティの4つの次元を提唱しました。

次元	キャリア質問	問題	対処法
関心	自分に未来はあるのか	関心がない	計画する・準備を立てる
統制	誰が私の未来を所有しているのか	決断できない	意志決定の訓練をする
好奇心	私は自らの将来をどうしたいのか	非現実的	情報を探索する
自信	私はそれを実現できるか	抑制	自己効力感の確立

（出所）渡辺三枝子『新版キャリアの心理学』を元に筆者作成

スピードの時代と言われるように、昨今会社を取り巻く環境は日々変化をしています。会社は継続して事業を行う（倒産しない）組織事業体（ゴーイングコンサーン:going concern）であり、中長期的な視点からの事業運営が求められます。人もその時の環境にあわせて中長期的な視点で適応することの重要性をこの理論は述べているのです。

8-8 ニューキャリア理論

先程、キャリア構築理論においては、キャリア・アダプタビリティ（適応）の重要性を説明しました。最後に「ニューキャリア理論」と題しましたが、決して最近の理

論ではありません。変化の激しいこの時代にマッチした理論をいくつか紹介します。

■プロティアン・キャリア（protean career）

　ボストン大学のダグラス・ホール（Douglas T. Hall）教授は、著書『The Career is Dead』（1996）の中で「私たちが、かつて理解していたキャリア—収入や権力、地位や社会的安定感が右肩上がりに上昇を続けるようなキャリア—はすでに終焉を迎えた」と警鐘を鳴らしました。同時に、キャリアを生涯にわたる各個人の学習する場と捉えれば、キャリアは決して終焉を迎えることはないとも述べています。

　ホール教授は「The Career is Dead」を執筆する20年前に関係性アプローチの立場から、同じ組織の中で長期的な従来型のキャリアとは全く違う捉え方をした「プロティアン・キャリア（protean career）」という概念を提唱したのです。「プロティアン」とは、ギリシャ神話の海神で自由に姿を変える力を持つプロテウスから名付けられており、「変幻自在である」ことを意味しています。プロティアン・キャリアとは組織によってではなく、むしろ個人によって形成されるものであり、時代と共に個人の必要なものに見合うように変更されていくものとしました。すなわち、変化する環境に対して、自分の意思で変幻自在に対応していくキャリアを提唱したのです。

　またホール教授は著書『プロティアン・キャリア 生涯を通じて生き続けるキャリア』の中で、「プロティアン・キャリア」を常に学び続けることで自らの人生やキャリアの方向性を再構築できる能力と定義づけています。

　また、同じ組織の中で長期的なキャリアを積むことを望まない人々が増えていることを指摘し、①仕事（キャリア）の目的は、「収入の増加」より「働くことの意味の追求」であり、②「社会的な地位の向上で得た権力」より「働くことの目的の追求」であり、③「達成」より「学習すること」が望ましいと考えたのです。

　そして、仕事の報酬は、自分が個人的に最高の努力を尽くして目標が達成されたときの「心理的成功」であるとしたのです。

　プロティアン・キャリアを形成する2つの軸は、①アイデンティティ（自分は何者であるか）を確立すること、②アダプタビリティ（世の中の変化や環境に適応すること）を磨くことだと述べています。

　キャリアを取り巻くさまざまな環境が目まぐるしく変化する現在、これからは、改めて自分と向き合い、今起こっていること、これから起きるであろうことを予測し、勉強し直したり、今まであまり興味のなかったことに関心を持ち、新しいことにチャレンジすることも必要になってくるかもしれません。収入や名誉、昇進・昇格などよ

りも「心理的成功」を目指すことも1つの在り方ではないでしょうか。また、ただ単に変化に自分を合わせるのではなく、柔軟性と自律性をもって、仕事とプライベートも充実したキャリアを自ら築けるように、ご自身の価値観や興味関心を大切にすることが大切になってくると思います。

■バウンダリレス・キャリア（boundaryless career）

　アーサーとルソー（Arthur&Rousseau）は、伝統的な組織内キャリアに対して、水平的流動性を高め、組織の境界に限定されないバウンダリレス・キャリアを提唱しました。競争が激化し、小規模なベンチャー企業やスタートアップ企業が躍進するなか、米国のシリコンバレーで見られる企業を横断的に移りながらキャリアを形成する例をあげ、部署や役職、事業所などの境界を越えたよりダイナミックなバウンダリレス・キャリアが出現していることを提示したのです。

■パラレル・キャリア（parallel career）

　1999年に出版されたドラッカーの『明日を支配するもの』の中で、第二の人生を始める方法として、文字通り第二の人生を始める（組織を変える、職業を変えるなど）やソーシャル・アントレプレナー（社会起業家）になる、そしてパラレル・キャリア（第二の仕事）、すなわち本業を持ちながら第二の活動をすることを提示しました。働き方改革でいう「副業・兼業」はどちらかというと副収入を得ることが目的となりますが、パラレル・キャリアとは、もう1つの世界を持つために、今の仕事を続けながら非営利組織などの中で働くことを示しました。本業に割く時間を減らし、もう1つの世界で自分らしく、イキイキと人生を歩むための提案をしたのです。

　最近では、変化する個人の環境と社会・経済的な背景に適応していくというカメレオンキャリア（Ituma & Simpson）、転職を重ねて専門性を高めるバタフライキャリア（MaCaba & Savery）なども提言されています。

　長い人生の中で、何度もキャリアについて考える機会があると思いますが、もし立ち止まってしまって前に進めなくなったときに、そのときの自分に必要だと思える理論を思い出してみてください。いつか必ず、役に立つときがくると思います。

最後に

「自分のキャリアは、自分で創る」

この言葉は、10年以上前に出会った言葉で、私の人生の指針としている言葉です。しかし、今思えば日本経済にとっても個人にとっても、激動の時代の始まりを示唆した言葉だったのかなあと最近よく感じています。

私が前職の企業の人事部教育担当の時のこと、新入社員がお客さま用の喫煙所でタバコを吸っていました。「ここは誰のための喫煙所か知っている？」と聞くと「お客さま用です」。彼は当たり前のようにそう答えました。就業時間を過ぎれば彼もまたお客さまなのだと考えていたのだと思います。「お客さまは従業員がここでタバコを吸っていたらどんな気持ちになる？」「僕だったら嫌だと思います」と彼は話しました。続いて彼はこう言いました。

「でも教育で教えてもらっていないし、聞いてもいません」と。

この言葉が、現在の道を選んだ遠因でもありますし、私がこれから日本を背負って立つ若い方々に早い段階でキャリア教育を通じて、「何か」を伝えたい、そしてこれこそが私の生涯のやるべきことだと思ったきっかけにもなりました。

2000年初頭から日本にもこの「キャリア教育」が急速に広まり始めましたが、経済環境の変化やIT化によるスピード社会、少子高齢化などの影響により、少しずつ本来の「キャリア教育」が目指すべき方向性から逸脱しつつあることも実感しています。

そもそも「キャリア」という言葉は、未だ統一の定義もありませんし、人によって捉え方も異なっているのも現実です。私自身、「キャリア」について、はっきりとしたものは未だ見えていません。でも、この「キャリア教育」を通じて、これからの激動の時代を切り拓くため、そして何よりも「学ぶ」ことの大切さ、将来への希望を見出せるようにすることが、キャリア教育の根底にあるのだと思います。

本書は、初めてキャリアについて考える方々や職業訓練中の再就職を目指している方々が気軽に取り組め、また教える立場の方々が肩肘はらずにレクチャーできるよう心掛けました。「内定はゴールではなくスタートだ」というのが私の自論で、これからの長い人生の中で、幾度となく自分のキャリアを考える機会は訪れますので、少しでも就活スキル講座的な短絡的なものではなく、いざ壁にぶつかった時の事前準備に

つながればと思っています。

　キャリアは、ゲームと違って攻略本もありませんし、答えがあるわけでもありません。少しずつ、ゆっくり、築いていくものです。

　昔からthe grass is always greener on the other side（隣の芝生は青い）と表現されるように、他の人のことは自分よりもよく見えてしまうかもしれませんが、キャリアにおいては決して人と比較する必要はないと思います。

　授業において、学生の方には、学生時代は、たくさんの失敗を繰り返し、人生（キャリア）という「自分」を築き、「焦らず、ゆっくり、失敗を恐れないで」、等身大の自分に向きあうことを常に伝えるようにしています。自分のキャリアは他人と比べる必要もありませんし、焦ることもありません。ゆっくりとキャリアは築いていくものです。たくさんの失敗経験から人は成長し、その失敗経験が今後のキャリアにおいては貴重な武器になります。

　自分が望む人生をつかむには、時間がかかり、思い通りには進まないことが大半ですが、自信を持って「自分のキャリアを自分で創れる」若者の育成につながる教材となることを願っています。個人を取り巻く環境は非常に厳しいものですが、希望を持って、失敗を繰り返しながらも一歩前に踏み出せる若者育成の一助になればと思っています。今回の書籍の表紙を考えるにあたり、何度も辛い時に勇気を与えてくれた岡田光司さんの写真を使わせていただきました。岡田さんの写真は、生きていくための「自然の命の力強さ」と「優しさ」を表現した作品となっており、眺めているだけでほっとし、頑張ろうという気持ちを引き出してくれます。

　最後に、「いいよ」という一言で、監修を数分で快くお引き受けいただいた最も尊敬する玄田先生には心より深く感謝申し上げます。

　また、40歳を超えてようやく自分の思い描くキャリアを築けるようになってきた私をいつも見守ってくれている天国の父にこの本を捧げたいと思います。長い時間がかかってしまいましたが、あなたの息子は、「好きなことで、それが人の役に立ち、生計を立てることができる」自分のキャリアをようやくスタートすることができました。

荒井　明

引用文献・参考文献

- Adam Kahane『未来を変えるためにほんとうに必要なこと』由佐美加子監訳・東出顕子訳、英治出版、2010年
- Albert Einstein『晩年に想う』中村誠太郎・南部陽一郎・市井三郎訳、講談社文庫、1971年
- Douglas M.McGregor『企業の人間的側面』高橋達男訳、産業能率短期大学出版部、1966年
- Douglas T.Hall『プロティアン・キャリア　生涯を通じて生き続けるキャリア　キャリアへの関係性アプローチ』尾川丈一・梶原誠・藤井博・宮内正臣訳、亀田ブックセンター、2015年
- Edgar H.Schein『キャリア・ダイナミクス』白桃書房、1991年
- Edgar H.Schein『組織心理学』松井賚夫訳、岩波新書、1966年
- Ira Chaleff『ザ・フォロワーシップ』野中香方子訳、ダイヤモンド社、2009年
- J. C. Abegglen『日本の経営〈新訳版〉』、日本経済新聞社、2004年
- Jerry Mayer & John P. Holms『アインシュタインの150の言葉』、ディスカヴァー・トゥエンティワン、1997年
- John D. Krumboltz『その幸運は偶然ではないんです』花田光世他訳、ダイヤモンド社、2005年
- J. S. Mill『大学教育について』竹内一誠訳、岩波文庫、2011年
- Lynda Gratton『ワーク・シフト』、プレジデント社、2012年
- Lynda Gratton、AndrewScott『ライフシフト　100年時代の人生戦略』、東洋経済新聞社、2016年
- Mark Granovetter『転職－ネットワークとキャリアの研究－』渡辺深訳、ミネルヴァ書房、1998年
- Martin E. P. Seligman『世界でひとつだけの幸せ』、アスペクト、2004年
- Nancy K. Schlossberg『「選職社会」転機を活かせ』武田圭太・立野了嗣監訳、日本マンパワー出版、2000年
- P. F. Drucker『マネジメント』野田一夫・村上恒夫監訳、ダイヤモンド社、1974年
- P. F. Drucker『明日を支配するもの　21世紀のマネジメント革命』上田惇生訳、ダイヤモンド社、1999年
- Robert Kelley『指導力革命』牧野昇監訳、プレジデント社、1993年
- Theodore Levitt『レビットのマーケティング思考法』土岐坤訳、ダイヤモンド社、2002年
- Václav Havel『プラハ獄中記－妻オルガへの手紙－』飯島周訳、恒文社、1995年
- William Bridges『トランジション』倉光修・小林哲郎訳、創元社、1994年
- 伊丹敬之・加護野忠男『ゼミナール経営学入門』、日本経済新聞出版社、1989年
- 江副浩正『リクルートのDNA－起業家精神とは何か－』、角川書店、2007年
- 大久保幸夫『キャリアデザイン入門Ⅰ』、日経文庫、2006年
- 岡田昌毅『働くひとの心理学』、ナカニシヤ出版、2013年
- 科学技術庁監修『21世紀への階段－40年後の日本の科学技術』、弘文堂、1960年
- 金井壽宏『働くひとのためのキャリア・デザイン』、PHP新書、2002年
- 苅谷夏子『大村はま　優劣のかなたに』、ちくま学芸文庫、2012年
- 河合雅司『未来の年表　人口減少日本でこれから起きること』講談社現代新書、2017年

- 川喜多喬・依田素味『人材育成キーワード99』、泉文堂、2008年
- 京都大学高等教育研究開発推進センター『大学教育のネットワークを創る－FDの明日へ－』、東信堂、2011年
- 清成忠男他『ベンチャー・ビジネス－頭脳を売る小さな大企業－』、日本経済新聞社、1971年
- 黒田兼一・守屋貴司・今村寛治編著『人間らしい「働き方」・「働かせ方」』、ミネルヴァ書房、2009年
- 玄田有史『希望のつくり方』、岩波新書、2010年
- 玄田有史『雇用は契約 雰囲気に負けない働き方』、筑摩選書、2018年
- 玄田有史『孤立無業（SNEP）』、日本経済新聞出版社、2013年
- 玄田有史『仕事のなかの曖昧な不安』、中央公論新社、2001年
- 玄田有史『14歳からの仕事道』、理論社、2005年
- 玄田有史『働く過剰－大人のための若者読本－』、NTT出版、2005年
- 玄田有史『ゲンダラヂオ（玄田ラヂオ）』http://www.genda-radio.com/
- 厚生労働省『知って役立つ労働法』http://www.mhlw.go.jp/file/06-Seisakujouhou-12600000-Seisakutoukatsukan/0000044295.pdf
- 児美川孝一郎『若者はなぜ「就職」できなくなったのか？』、日本図書センター、2011年
- 児美川孝一郎『キャリア教育のウソ』、ちくまプリマー新書、2013年
- 佐藤健『イチロー物語』、中公文庫、1998年
- 下村英雄『キャリア教育の心理学』、東海教育研究所、2009年
- 鈴木貴博『仕事消滅 AIの時代を生き抜くために、いま私たちにできること』、講談社＋α新書、2017年
- 東京都産業労働局『ポケット労働法』http://www.otagaisama.org/pdf/2016pkroudouhou.pdf
- 東大社研・玄田有史・宇野重規編『希望学［1］－希望を語る 社会科学の新たな地平へ』、東京大学出版会、2009年
- 内閣府『平成25年国民生活に関する世論調査』、2013年
- 奈良潤『人工知能を超える人間の強みとは』、技術評論社、2017年
- 日本キャリア教育学会編『キャリア教育概説』、東洋館出版社、2008年
- 日本労働研究機構『VPI職業興味検査［第3版］手引き』、日本文化科学社、1985年
- 濱口桂一郎『若者と労働』、中公新書ラクレ、2013年
- 堀場清子編『青鞜 女性解放論集』、岩波文庫、1991年
- 丸山真男『「文明論之概略」を読む 上』、岩波新書、1986年
- 溝上慎一『大学生の学び・入門』、有斐閣アルマ、2006年
- 村上龍『希望の国のエクソダス』、文春文庫、2002年
- 村上龍『新13歳のハローワーク』、幻冬舎、2010年
- 山田昌弘『希望格差社会』、筑摩書房、2004年
- 脇坂明『労働経済学入門－新しい働き方の実現を目指して－』、日本評論社、2011年
- 渡辺三枝子編著 大庭さよ・岡田昌毅・黒川雅之・中村恵・藤原美智子・堀越弘・道谷里英著『新版キャリアの心理学－キャリア支援への発達的アプローチ－』、ナカニシヤ出版、2007年

●著者略歴

荒井　明（あらい　あきら）

　1968年生まれ。1991年早稲田大学卒業後、伊勢丹にて婦人服飾雑貨部、人事部教育担当、三越伊勢丹ホールディングス管理本部を経て、2009年より富山大学キャリアサポートセンター特命准教授として平成20年度選定学生支援GP「『14歳の挑戦』と連携する長期循環型インターンシップー富大流人生設計支援プログラムー」に取り組む。2012年より産業能率大学経営学部准教授を経て、現在経営学部マーケティング学科教授。金沢大学大学院（経営学修士）、米国CCE認定GCDFキャリアカウンセラー、京都大学非常勤講師、白百合女子大学非常勤講師、北陸電力ビジネスカレッジ専任講師、日本キャリアデザイン学会事務局長（専務理事）の経歴を持つ。自身がこれまで大学1〜2年生向けに担当してきた講義内容を元に、本書の構成を企画している。

●監修者略歴

玄田　有史（げんだ　ゆうじ）

　1964年生まれ。1988年東京大学経済学部卒業、1992年同大学大学院経済学研究科第Ⅱ種博士課程退学。ハーバード大学客員研究員、オックスフォード大学客員研究員、学習院大学経済学部教授を経て、現在東京大学社会科学研究所教授。

　主な著書
　　『仕事のなかの曖昧な不安ー揺れる若年の現在』（中央公論新社、2001年、サントリー学芸賞、日経・経済図書文化賞）
　　『ジョブ・クリエイション』（日本経済新聞社、2004年、労働関係図書優秀賞、エコノミスト賞）
　　『ニートーフリーターでもなく失業者でもなく』（共著、2004年、幻冬舎）
　　『希望学』（全4巻）東大社研・玄田有史・宇野重規・中村尚史（編）（東京大学出版会、2009年）
　　『人間に格はないー石川経夫と2000年代の労働市場』（ミネルヴァ書房、2010年）
　　『希望のつくり方』（岩波新書、2010年）
　　『増補改訂　14歳からの仕事道（しごとみち）』（イーストプレス、2011年）
　　『希望学　あしたの向こうにー希望の福井、福井の希望』（東大社研玄田有史編、2013年、東京大学出版会）
　　『孤立無業（SNEP）』（日本経済新聞社、2013年）
　　『危機と雇用ー災害の労働経済学』（岩波書店、2015年）
　　『雇用は契約ー雰囲気に負けない働き方』（筑摩選書、2018年）

●本書についての最新情報、訂正、重要なお知らせについては下記Webページを開き、書名もしくはISBNで検索してください。ISBNで検索する際は-（ハイフン）を抜いて入力してください。

　　　https://bookplus.nikkei.com/catalog/

●本書に掲載した内容についてのお問い合わせは、下記Webページのお問い合わせフォームからお送りください。電話およびファクシミリによるご質問には一切応じておりません。なお、本書の範囲を超えるご質問にはお答えできませんので、あらかじめご了承ください。ご質問の内容によっては、回答に日数を要する場合があります。

　　　https://nkbp.jp/booksQA

キャリア基礎講座テキスト　第3版
自分のキャリアは自分で創る

2014年 3 月18日　初版第1刷発行
2023年 8 月 7 日　第3版第1刷発行

著　　　者：荒井 明
監　修　者：玄田 有史
発　行　者：中川 ヒロミ
発　　　行：株式会社日経BP
　　　　　　東京都港区虎ノ門4-3-12　〒105-8308
発　　　売：株式会社日経BPマーケティング
　　　　　　東京都港区虎ノ門4-3-12　〒105-8308
装　　　丁：コミュニケーション アーツ株式会社
ＤＴＰ制作：株式会社シンクス
印刷・製本：図書印刷株式会社

©2023 Akira Arai
ISBN978-4-296-07073-2　Printed in Japan